Cinéphile

French Language and Culture through Film

A linguistic approach to studying film for the 2nd-year language student

WORKBOOK

Cinéphile

French Language and Culture through Film

A linguistic approach to studying film for the 2nd-year language student

WORKBOOK

Kerri Conditto
Tufts University

focus Publishing
R. Pullins Company
PO Box 369
Newburyport, MA 01950
www.pullins.com

Copyright 2007 Kerri Conditto

ISBN 978-1-58510-275-4
ISBN 10: 1-58510-275-X

10 9 8 7 6 5 4 3 2

This book is published by Focus Publishing, R. Pullins & Company, Inc., PO Box 369, Newburyport MA 01950. All rights are reserved. No part of this publication may be reproduced, stored in a retrieval system, or transmitted in any form or by any means, electronic, mechanical, by photocopying, recording, or by any other means, without the prior written permission of the publisher.

0909BB

Table des matières

Chapitre 1 - *Les Triplettes de Belleville* – dessin animé   1
Chapitre 2 - *Le Papillon* – comédie dramatique   23
Chapitre 3 - *Etre et avoir* – documentaire   45
Chapitre 4 - *Les Visiteurs* – comédie, farce   69
Chapitre 5 - *L'Auberge espagnole* – comédie   91
Chapitre 6 - *Sur mes lèvres* – thriller   115
Chapitre 7 - *Comme une image* – drame   137
Chapitre 8 - *Métisse* – comédie dramatique   161
Chapitre 9 - *Bon voyage* – aventure   185

Credits

Page 16	*left* Photofest
	right Sony Pictures Classics / Photofest; © Sony Pictures Classics
Page 40	Canal+ / First Run Features / Photofest; © Canal+/First Run Features
Page 62	New Yorker / Photofest; © New Yorker Films
Page 83	Gaumont / France 3 / Alpilles / Amigo / The Kobal Collection
Page 108	Fox Searchlight Pictures / Photofest; © Twentieth Century-Fox
Page 129	Magnolia / Photofest; © Magnolia. Photographer: Jean-Marie Leroy
Page 153	Sony Pictures Classics / Photofest; © Sony Pictures Classics Photographer: Jean-Paul Dumas-Grillet
Page 156	*crepes* istockphoto; © KMITU
	icons istockphoto; © sodafish bvba
	recipe contributed by Anne-Christine Rice
Page 177	New Yorker Films / Photofest; © New Yorker Films
Page 199	Sony Pictures Classics / Photofest; © Sony Pictures Classics Photographer: Jérôme Prébois

Chapitre 1

Exercices de vocabulaire

A. Salutations. Complétez le dialogue avec le vocabulaire qui convient.

M. Machin : _____, Madame. _____ allez-vous ?

Mme Machine : Bonjour, _____. Pas mal, merci. Et votre petit-fils ? _____ va-t-il ? _____ s'appelle-t-il ?

Marco : Je vais _____ ! Je _____ Marco.

Mme Machine : Allez, _____, Messieurs !

M. Machin : Au revoir, Madame !

Pierre : _____, Francine ! _____ ?

Francine : Salut, Pierre ! Ça va _____ ! _____ s'appelle ton ami ?

L'ami : Je _____ Frédéric.

Francine : Salut, Frédéric !

Pierre : Nous allons au cinéma. _____, Francine ! _____ demain !

Francine : Salut, Pierre ! A demain !

B. Noms. Barrez le nom qui ne va pas.

1. un cycliste :	une casquette	un maillot	un vélo	une maison
2. une course :	des coureurs	une foule	des chiens	des étapes
3. un chanteur :	une chanson	un théâtre	un public	un aspirateur
4. des musiciens :	un cycliste	un guitariste	un pianiste	un accordéoniste
5. une grand-mère :	un petit-fils	une grenouille	une petite-fille	des petits-enfants
6. une grande ville :	des maisons	des gratte-ciel	des montagnes	des appartements
7. des transports :	un pédalo	un bateau	un journal	un train
8. des couleurs :	orange	colère	rose	marron
9. des instruments :	un piano	une guitare	un accordéon	un réfrigérateur
10. des émotions :	le pneu	la peur	la colère	la joie

Cinéphile   Les Triplettes de Belleville

C. *Transports et endroits.* Complétez les phrases suivantes avec *les transports et les endroits du vocabulaire du film*.

1. On traverse l'océan dans _____ et on traverse un lac dans _____.
2. Quand on habite dans une grande ville, on prend _____.
3. _____ a deux roues, _____ a trois roues, _____ a quatre roues, et _____ a plus de quatre roues.
4. Dans une grande ville, il n'y a pas de _____ mais il y a _____, _____, et _____.
5. Quand on veut sortir le soir on peut aller (à) _____ ou (à) _____.

D. *Gens.* Reliez les descriptions à droite avec les personnes à gauche.

_____ 1. une chanteuse   A. une personne qui répare des machines
_____ 2. un conducteur   B. deux frères qui se ressemblent
_____ 3. un coureur   C. un grand nombre de gens
_____ 4. une foule   D. une personne qui chante
_____ 5. une grand-mère   E. une personne de la Mafia
_____ 6. des jumeaux   F. la mère d'une mère
_____ 7. un chef mafieux   G. une personne qui participe à une course
_____ 8. un mécanicien   H. un groupe de trois personnes
_____ 9. un petit-fils   I. une personne qui opère un véhicule
_____ 10. des triplettes   J. le fils d'un fils

E. *Chronologie.* Mettez les phrases en ordre chronologique.

_____ La femme trouve le garçon avec l'aide des amis.
_____ D'abord, la femme adopte le garçon.
_____ Finalement, la femme et le garçon rentrent à la maison.
_____ Ensuite, la femme cherche le garçon.
_____ Puis, le garçon est kidnappé.

Après avoir visionné

Compréhension générale

A. Chronologie. Mettez les phrases suivantes en ordre chronologique.

_____ Finalement, Madame Souza, Champion et Bruno rentrent en France.

_____ D'abord, Madame Souza achète un chien pour Champion.

_____ Madame Souza traverse l'océan pour chercher Champion.

_____ Puis, elle achète un tricycle pour Champion.

_____ Après, Madame Souza trouve Champion avec l'aide des Triplettes.

_____ Ensuite, Madame Souza aide Champion à se préparer pour le Tour de France.

_____ Les jumeaux mafieux kidnappent Champion.

B. Personnages. Reliez les descriptions à droite avec *les personnages du film* à gauche.

_____	1. Bruno	A.	le guitariste belge
_____	2. Champion	B.	l'homme qui dirige une maison de jeu
_____	3. Madame Souza	C.	l'acteur américain
_____	4. les Triplettes	D.	le chanteur français
_____	5. les jumeaux mafieux	E.	le premier cycliste à gagner 5 Tours
_____	6. le chef mafieux	F.	le danseur américain
_____	7. le mécanicien	G.	le petit-fils français
_____	8. Jacques Anquetil	H.	le pianiste canadien
_____	9. Fred Astaire	I.	le trio de chanteuses
_____	10. Joséphine Baker	J.	le nain qui répare la machine
_____	11. Charlie Chaplin	K.	la grand-mère portugaise
_____	12. Glenn Gould	L.	les kidnappeurs jumeaux
_____	13. Yvette Horner	M.	la chanteuse américaine
_____	14. Django Reinhardt	N.	l'acteur/le réalisateur français
_____	15. Jacques Tati	O.	l'accordéoniste française
_____	16. Charles Trénet	P.	le chien

Cinéphile   Les Triplettes de Belleville

C. Profil. Complétez le tableau suivant.

Profil des Triplettes de Belleville
Titre :
Genre :
Année de production :
Réalisateur :
Lieu de l'action :
Epoque :
3 événements principaux :
1.
2.
3.
5 mots clés :
1.
2.
3.
4.
5.
Sommaire (une phrase) :
Anecdote :

Exercices de vocabulaire

A. Personnages. Choisissez les réponses qui conviennent.

1. Madame Souza : accordéoniste guitariste grand-mère
2. Champion : chanteur cycliste petit-fils
3. Bruno : chien jumeau mafieux
4. Rose : jumelle conductrice chanteuse
5. Blanche : triplette pianiste cycliste
6. Violette : coureuse chanteuse accordéoniste
7. les mafieux : jumeaux grenouilles pianistes
8. le chef mafieux : mécanicien frère kidnappeur

B. Trios. Complétez les phrases suivantes avec les mots qui conviennent.

1. Le film se passe pendant trois époques :
   a. *1930* b. _____ c. _____
2. Le film se passe dans trois villes :
   a. *Marseille* b. _____ c. _____
3. Belleville est un mélange de trois villes :
   a. *Montréal* b. *Québec* c. _____
4. Il y a trois décors différents dans le film :
   a. *la montagne* b. *la mer* c. _____
5. Il y a une famille de trois personnes dans le film :
   a. *Bruno* b. _____ c. _____
6. Il y a un trio de chanteuses dans le film :
   a. *Rose* b. _____ c. _____
7. Il y a trois hommes de la Mafia française dans le film :
   a. *les jumeaux mafieux* b. _____
8. La Mafia française kidnappe trois coureurs du Tour de France :
   a. *le coureur #2* b. *le coureur #3* c. _____
9. Il y a trois véhicules à roues dans le film :
   a. *un camion* b. _____ c. _____
10. Il y a trois trios dans le film :
    a. *une famille de trois* b. _____ c. _____

Cinéphile **Les Triplettes de Belleville**

C. **L'histoire !** Utilisez *le vocabulaire du film* pour compléter les phrases suivantes.

1. *Les Triplettes de Belleville* présente l'histoire d'_____ (nom, masculin/singulier) et d'_____ (nom, féminin/singulier) qui rencontrent _____ (nom, féminin/singulier) française et _____ (nom, masculin/singulier) de chanteuses.

2. Le garçon et sa grand-mère habitent _____ (nom, féminin/singulier) dans une grande ville. Ils ont _____ (nom, masculin/singulier) qui s'appelle Bruno. Il passe sa journée à _____ (verbe, infinitif) les escaliers pour _____ (verbe, infinitif) quand les trains passent devant la fenêtre. Comme tous les chiens, il _____ (verbe) beaucoup de nourriture et _____ (verbe) en noir et blanc !

3. _____ (nom, masculin/pluriel) kidnappent Champion. Sa grand-mère _____ (verbe) l'océan en _____ (nom, masculin/singulier) pour _____ (verbe, infinitif) Champion. Elle rencontre _____ (nom, féminin/pluriel) dans la rue.

4. Les Triplettes chantent et jouent d'_____ (nom, masculin/singulier), d'_____ (nom, masculin/singulier) et d'_____ (nom, masculin/singulier). Elles chantent dans _____ (nom, masculin/singulier) où elles rencontrent _____ (nom, masculin/singulier) qui opère _____ (nom, féminin/singulier).

5. A la fin du film, les Triplettes, Madame Souza et Bruno _____ (verbe) Champion et un autre _____ (nom, masculin/singulier) du Tour de France. Madame Souza, Champion et Bruno _____ (verbe) à Paris.

Grammaire

1.1 - Les pronoms sujets, Les registres

A. Registres. Choisissez *les pronoms sujets* qui correspondent au contexte.

1. tu   vous   Champion parle à sa grand-mère.
2. tu   vous   Madame Souza parle à Champion.
3. tu   vous   Madame Souza parle au conducteur du camion.
4. tu   vous   Madame Souza parle aux Triplettes.
5. tu   vous   Les Triplettes parlent à Madame Souza.
6. tu   vous   Les Triplettes parlent à Bruno.
7. tu   vous   Le chef mafieux parle à Champion.
8. tu   vous   Le chef mafieux parle à un jumeau mafieux.
9. tu   vous   Un jumeau mafieux parle à son frère.
10. tu   vous   Madame Souza parle au chef mafieux.

B. Noms. Choisissez *les pronoms sujets* qui correspondent au nom ou aux noms suivants.

1. il   elle   ils   elles   la photo des parents de Champion
2. il   elle   ils   elles   Champion
3. il   elle   ils   elles   Madame Souza
4. il   elle   ils   elles   Champion et Madame Souza
5. il   elle   ils   elles   les coureurs du Tour de France
6. il   elle   ils   elles   le camion de Madame Souza
7. il   elle   ils   elles   les frères jumeaux
8. il   elle   ils   elles   les Triplettes et Madame Souza
9. il   elle   ils   elles   les chansons des Triplettes
10. il   elle   ils   elles   la victoire de Madame Souza, des Triplettes et de Bruno

C. On. Remplacez les mots soulignés par *le pronom sujet on.* Attention aux verbes !

En France, <u>tout le monde</u> aime le Tour de France. <u>Les gens</u> aiment aussi le Tour de France aux Etats-Unis. Dans les villages, <u>la foule</u> regarde les coureurs du Tour de France. <u>Les spectateurs</u> regardent aussi le Tour de France à la télé. A la fin de la course, <u>les coureurs</u> gagnent des prix.

_____
_____
_____
_____

Cinéphile   **Les Triplettes de Belleville**

1.2 - Les noms – genre et nombre
Les articles – défini, indéfini et partitif

A. Genre - 1. Ecrivez *les articles indéfinis* qui correspondent aux noms suivants.

1. _____ personnage
2. _____ acteur
3. _____ actrice
4. _____ vedette
5. _____ réalisateur
6. _____ scénariste
7. _____ effet
8. _____ bruitage
9. _____ cassette
10. _____ volet

B. Genre - 2. Ecrivez *les articles définis* qui correspondent aux noms suivants.

1. _____ famille
2. _____ jumeau
3. _____ triplette
4. _____ chanteuse
5. _____ chanson
6. _____ cycliste
7. _____ casquette
8. _____ tour
9. _____ mécanicien
10. _____ voiture

C. Le féminin. Ecrivez *les formes féminines* des articles et des noms suivants.

1. un grand-père _____
2. un petit-fils _____
3. un frère _____
4. un jumeau _____
5. un chanteur _____
6. un conducteur _____
7. un coureur _____
8. un mécanicien _____
9. un Français _____
10. un Américain _____

D. Nombre – 1. Ecrivez *les formes plurielles* des articles et des noms suivants.

1. un Français _____
2. une Française _____
3. la vedette _____
4. l'actrice _____
5. un personnage _____
6. un sous-titre _____
7. l'effet spécial _____
8. une intrigue _____
9. un travail _____
10. l'échec _____

E. Nombre – 2. Ecrivez *les formes plurielles* des articles et des noms suivants.

1. une grand-mère _____
2. la triplette _____
3. un jumeau _____
4. le mafieux _____
5. un bateau _____
6. le pneu _____
7. une photo _____
8. le journal _____
9. un festival _____
10. un gratte-ciel _____

Les Triplettes de Belleville — Cinéphile

F. Quel article ? Complétez le paragraphe suivant avec *les articles (définis, indéfinis ou partitifs)* selon le contexte.

Je n'aime pas _____ dessins animés, mais _____ *Triplettes de Belleville* est _____ bon film. C'est _____ histoire de Champion et de Mme Souza. Mme Souza aime Champion et elle lui donne _____ cadeaux : _____ chien, _____ train et _____ tricycle. Champion adore _____ cyclisme ! Il se prépare pour _____ Tour de France. Mme Souza aide Champion : elle lui fait _____ massages et elle lui prépare _____ repas copieux. Elle a _____ patience ! _____ jour, Champion participe au Tour de France. Il essaie de grimper _____ grande montagne, mais il devient très fatigué et _____ mafieux le kidnappent. Mme Souza suit Champion et _____ mafieux. Elle rencontre _____ trio de chanteuses. _____ vie chez elles est _____ aventure ! Par exemple, on y mange _____ grenouilles. Bruno, _____ chien, n'aime pas _____ grenouilles ! Il n'aime pas _____ Mafia non plus. Réussit-on à trouver Champion ? Regardez _____ film pour en savoir plus !

1.3 - Les adjectifs et les pronoms possessifs

A. Adjectifs possessifs – 1. Complétez les trous suivants avec *les adjectifs possessifs* qui correspondent.

Exemple : tu → __tes__ vélos __ta__ voiture __ton__ camion

1. il → _____ mère _____ père _____ parents
2. nous → _____ chien _____ chats _____ grenouille
3. elles → _____ musique _____ chansons _____ concert
4. je → _____ voyage _____ aventure _____ albums photos
5. vous → _____ casquette _____ maillot _____ lunettes de soleil

B. Adjectifs possessifs – 2. Nicole répond à une question de ses nouveaux correspondants français. Complétez son email avec *les adjectifs possessifs* qui conviennent.

A : nathalie.cohen@wanadoo.fr
De : nicole.marx@aol.com
Sujet : Films

Bonjour Nathalie & Nathan !
Oui ! Je regarde toujours des films avec _____ amis. _____ amie, Charlotte, adore les films ! _____ père est critique et _____ mère est actrice. Ils connaissent bien le cinéma. Charlotte m'a dit : « _____ film préféré va être *Les Triplettes de Belleville*. Tu dois le voir avec _____ frère. Il va l'aimer aussi ! C'est l'histoire d'un orphelin qui aime regarder _____ album de coupures de presse. Il aime aussi la photo de _____ parents. Il est triste et _____ grand-mère lui donne des cadeaux. _____ cadeau préféré est _____ tricycle. L'orphelin et _____ grand-mère passent _____ temps à faire du vélo - c'est le début de _____ aventures ! » Oui ! *Les Triplettes de Belleville* est _____ film préféré. Demain, _____ frère et moi allons regarder le nouveau film de Chomet avec _____ parents. Et vous ? Vous regardez des films avec _____ famille ou avec _____ amis ? Quel est _____ film préféré ? A bientôt !
Nicole

C. Possessifs – 1. Complétez les trous avec *les adjectifs possessifs* et *les pronoms possessifs*.

Exemple : vous →   Ce sont __vos__ photos.   Ce sont __les vôtres__.

1. je   →   C'est _____ appartement.   C'est _____.
2. il   →   C'est _____ maison.   C'est _____.
3. elles →   C'est _____ cabaret.   C'est _____.
4. ils   →   Ce sont _____ camions.   Ce sont _____.
5. nous →   C'est _____ voiture.   C'est _____.
6. elle →   C'est _____ vélo.   C'est _____.
7. tu   →   Ce sont _____ grands-parents. Ce sont _____.
8. je   →   C'est _____ amie.   C'est _____.
9. vous →   Ce sont _____ petites-filles. Ce sont _____.
10. il   →   Ce sont _____ kidnappeurs.   Ce sont _____.

D. Possessifs – 2. Complétez le dialogue suivant avec *les adjectifs possessifs* et *les pronoms possessifs* qui conviennent.

Mme Souza :   Je regarde _____ (my) photos. Champion, tu regardes _____ (yours)?

Champion :   Oui, mais _____ (mine) ne sont pas aussi jolies que les photos de Rose. _____ (hers) sont très jolies !

Mme Souza :   Tiens ! Cette photo est à _____ (your) mère. _____ (hers) est très jolie !

Champion :   Oui ! C'est _____ (your) mari sur cette photo ? Il répare _____ (his) voiture ?

Mme Souza :   Oui. C'est _____ (my) mari. Regarde ! C'est _____ (my) maison avant la guerre. Voilà _____ (your) parents avec _____ (their) vélos.

Champion :   C'est _____ (our) maison ? Impossible ! _____ (ours) ne se trouve pas à la campagne ! Et les vélos de _____ (my) parents ? Ce sont vraiment _____ (theirs)?

Mme Souza :   Oui, c'est bien _____ (our) quartier ! Regarde bien. C'est le jardin où Bruno et toi jouez. Ben… les vélos ? Je pense que les deux sont à _____ (your) père. Oui, c'est ça. Ce sont _____ (his).

Champion :   Chouette ! Où est _____ (my) vélo ? On fait un tour ?

Mme Souza :   Il est dans _____ (our) jardin. Je mets _____ (our) albums dans l'armoire. On y va !

1. 4 - Les nombres : cardinaux, ordinaux et collectifs, La date

A. Nombres cardinaux. Ecrivez *les nombres cardinaux* suivants en lettres.

1. 1 garçon _____
2. 1 grand-mère _____
3. 2 frères _____
4. 3 sœurs _____
5. un film de 80 minutes _____
6. un voyage de 200 km _____
7. une course de 3.863 km _____
8. une foule de 15.000 personnes _____
9. une ville de 4.500.000 habitants _____
10. un pays de 61.000.000 habitants _____

B. Nombres ordinaux. Ecrivez les expressions suivantes avec *les nombres ordinaux* en lettres.

1. son 1er vélo _____
2. sa 1re course _____
3. sa 10e victoire _____
4. son 60e anniversaire _____
5. son 250e concert _____

C. Nombres collectifs. Ecrivez les expressions suivantes avec *les nombres collectifs* en lettres.

1. ≈ 100 musiciens _____
2. ≈ 50 guitaristes _____
3. ≈ 10 pianistes _____
4. ≈ 30 chanteuses _____
5. ≈ 1.000 spectateurs _____

D. Chiffres. Ecrivez *les nombres* en lettres.

Le Tour de France : 2005 _____

Le 92e Tour de France _____

Dates : 02/07 – 24/07 _____

Départ : Corbeil-Essonnes, 40.000 habitants _____

21 équipes : 9 coureurs par équipes _____

189 concurrents : ≈30 abandons _____

7e victoire de Lance Armstrong _____

Temps final de Lance Armstrong : 86h15'02' _____

Cinéphile Les Triplettes de Belleville

E. **Grandes dates.** Ecrivez *les dates* suivantes en lettres.

1. ma date de naissance :   jj/mm/année

2. la prise de la Bastille :   14 / 07 / 1789

3. l'indépendance des Etats-Unis :   04 / 07 / 1776

4. la réalisation de la Tour Eiffel (Gustave Eiffel):   31 / 03 / 1889

5. l'inauguration de la Statue de la Liberté (Bartholdi et Gustave Eiffel):   28 / 10 / 1886

6. le premier film (les frères Lumière) :   19 / 03 / 1895

7. le premier dessin animé (Emile Reynaud) :   28 / 10 / 1892

8. la première retransmission d'une véritable émission de radio (USA) :   02 / 11 / 1920

9. la première démonstration publique de télévision (John Logie Baird) :   26 / 01 / 1926

10. la première course de vélo (Paris) :   31 / 05 / 1868

1.5 - Les couleurs

A. **Genre et nombre.** Complétez.

La forme plurielle

1. bleu _____
2. verte _____
3. gris _____
4. rousse _____
5. orange _____

La forme féminine

1. violet _____
2. blanc _____
3. bleu _____
4. rouge _____
5. marron _____

B. **Couleurs.** Choisissez *les couleurs* qui décrivent les noms suivants. Attention à l'accord !

1. un ciel et des nuages _____
2. une ville et des gratte-ciel _____
3. un océan et des bateaux _____
4. une casquette et un maillot _____
5. un vélo et des voitures _____

C. **Décors.** Choisissez *les couleurs* qui conviennent. Attention à l'accord !

1. Paris a souvent un ciel _____ (gris / blanc) et des nuages _____ (gris / rose).

2. Marseille a souvent un ciel _____ (gris / bleu), un soleil _____ (bleu / jaune) et des nuages _____ (blanc / gris).

3. Madame Souza traverse l'océan _____ (bleu et noir / violet et blanc). Le ciel est _____ (jaune / noir) et les nuages sont _____ (gris et noir / blanc et noir).

4. Belleville a une grosse statue de la liberté _____ (rose / vert). La ville est polluée. Les gratte-ciel sont _____ (gris et noir / rouge et rose). L'océan est _____ (bleu / jaune) et le ciel est _____ (bleu et gris / rose et jaune).

5. Le cabaret où les Triplettes chantent a des tables _____ (blanc / violet) et des chaises _____ (blanc / rouge).

1.6 - Les verbes réguliers en -er

A. **Pluriel.** Ecrivez le pluriel *des pronoms sujets* et *des verbes en -er* suivants.

	Singulier	*Pluriel*		*Singulier*	*Pluriel*
1.	je voyage	_____	6.	tu préfères	_____
2.	il donne	_____	7.	je commence	_____
3.	tu grimpes	_____	8.	tu jettes	_____
4.	elle adore	_____	9.	elle rappelle	_____
5.	tu aimes	_____	10.	tu emmènes	_____

B. **Singulier.** Ecrivez le singulier *des pronoms sujets* et *des verbes en -er* suivants.

	Pluriel	*Singulier*		*Pluriel*	*Singulier*
1.	nous trouvons	_____	6.	vous payez	_____
2.	ils cherchent	_____	7.	nous appelons	_____
3.	vous appréciez	_____	8.	ils achètent	_____
4.	elles kidnappent	_____	9.	elles jettent	_____
5.	nous mangeons	_____	10.	nous répétons	_____

C. **Verbes.** Choisissez *les verbes en –er* qui conviennent et conjuguez-les selon le contexte.

aimer	chercher	essayer	jouer	manger	rentrer
acheter	commencer	exploiter	kidnapper	regarder	traverser
aider	emmener	habiter	libérer	rencontrer	trouver

1. Nous _____ notre histoire avec Madame Souza et Champion. Ils _____ dans une grande ville de France.

2. Madame Souza et Champion _____ les Triplettes de Belleville à la télé.

3. Madame Souza _____ un tricycle pour Champion. Elle _____ Champion à se préparer pour le Tour de France.

4. Les jumeaux mafieux _____ Champion. Ils _____ Champion à Belleville.

5. Madame Souza _____ l'océan pour chercher Champion.

6. Les Triplettes _____ Madame Souza. Elles _____ Champion.

7. Chez les Triplettes, on _____ des grenouilles. Madame Souza _____ les grenouilles mais Bruno ne/n'_____ pas la soupe aux grenouilles !

8. Les Triplettes _____ des instruments bizarres.

9. La Mafia française _____ Champion et les autres coureurs du Tour de France. Madame Souza, les Triplettes et Bruno _____ les cyclistes.

10. A la fin du film, on _____ Champion. Madame Souza et Champion _____ en France.

Traduction

Français → anglais

A. Mots et expressions. Traduisez les mots et les expressions suivantes *en anglais*.

1. un garçon triste et solitaire _____
2. sa vieille grand-mère _____
3. leur chien fidèle _____
4. son vélo et son tricycle _____
5. les jeunes et jolies chanteuses _____
6. les vieilles et laides chanteuses _____
7. leurs instruments bizarres _____
8. des mafieux musclés _____
9. le chef mafieux petit et laid _____
10. leur grande aventure _____

B. Phrases. Traduisez les phrases suivantes *en anglais*.

1. Le petit garçon adore le cyclisme ! _____
2. Les Triplettes préfèrent la musique. _____
3. Champion participe au Tour de France. _____
4. Les mafieux kidnappent des coureurs. _____
5. Les coureurs sont libérés à la fin du film. _____

Anglais → français

A. Mots et expressions. Traduisez les mots et les expressions suivantes *en français*.

1. about 20 newspaper clippings _____
2. his 9th birthday _____
3. his 1st bicycle race _____
4. the yellow jersey _____
5. an old trio of singers _____
6. a little Mafia boss _____
7. his twin mafiosos _____
8. her worry (concern) _____
9. his confusion and pain _____
10. their great happiness _____

B. Phrases. Traduisez les phrases suivantes *en français*.

1. Hello ! How are you ? (familiar) _____
2. Your grandson ? What is his name ? (polite) _____
3. He loves dogs, trains and bicycles ! _____
4. The dog isn't eating any frog soup ! _____
5. Do you like movies ? _____

C. Scénario. Vous écrivez un sommaire de votre prochain scénario. Traduisez-le *en français*.

The boy, his dog and the racers

A boy and his dog travel to a big city. It's their first trip and it's a great adventure. The boy likes three things : cars, trucks and trains. His dog likes to chase frogs and to bark. During their trip, they meet a bizarre man (a mafioso ? a kidnapper ? a mechanic ?) with black sunglasses. The man kidnaps the boy and his dog. The boy often thinks about his family. One day, the family frees the boy ... with the help of some racers. The adventure begins !

Cinéphile   Les Triplettes de Belleville

Photos

Photo N°1

Photo N°2

A. *Détails.* Regardez les photos et cochez les bonnes réponses.

Photo N°1	Photo N°2
Epoque	
☐ les années 1930 ☐ les années 1940 ☐ les années 1950 ☐ autre _____	☐ les années 1930 ☐ les années 1940 ☐ les années 1950 ☐ autre _____
Lieu	
☐ un théâtre ☐ la rue ☐ une maison ☐ autre : un dessin animé (Belleville Cartoune)	☐ un théâtre ☐ la rue ☐ une maison ☐ autre _____
Personnages	
☐ les Jumeaux ☐ Madame Souza ☐ Champion ☐ autre : Les Triplettes de Belleville	☐ les Jumeaux ☐ Madame Souza ☐ Champion ☐ autre : Les Triplettes de Belleville
Ages	
☐ entre 35 et 45 ans ☐ entre 45 et 55 ans ☐ entre 55 et 65 ans ☐ autre _____	☐ entre 35 et 45 ans ☐ entre 45 et 55 ans ☐ entre 55 et 65 ans ☐ autre _____

B. Complétez. Utilisez *le vocabulaire* suivant pour compléter les phrases.

| chanteuses | jeunes | jolies | laides | Madame Souza | pauvres |
| riches | la rue | trois | un grand public | un théâtre | vieilles |

1. Sur la 1ʳᵉ photo, il y a _____ personnages. Il y a aussi _____ personnages sur la 2ᵉ photo.

2. Sur les deux photos, les femmes sont _____.

3. Sur la 1ʳᵉ photo, les femmes chantent dans _____.

4. Sur la 2ᵉ photo, les femmes chantent dans _____.

5. Sur la 1ʳᵉ photo, les femmes chantent pour _____.

6. Sur la 2ᵉ photo, les femmes chantent avec _____.

7. Sur la 1ʳᵉ photo, les femmes sont _____ et _____.

8. Sur la 2ᵉ photo, les femmes sont _____ et _____.

9. Sur la 1ʳᵉ photo, les femmes sont assez _____ et très connues.

10. Sur la 2ᵉ photo, les femmes sont assez _____ et moins connues.

C. En général. Répondez aux questions suivantes. Ecrivez deux ou trois phrases.

1. Donnez un titre à la première photo. Justifiez votre réponse.

2. Donnez un titre à la deuxième photo. Justifiez votre réponse.

3. Quelles différences est-ce que vous remarquez entre les deux photos ? Pourquoi ?

Cinéphile   Les Triplettes de Belleville

D. Aller plus loin. Ecrivez un paragraphe pour répondre aux questions suivantes.

1. Parlez des émotions des Triplettes sur les deux photos.
   _____
   _____
   _____
   _____
   _____

2. Regardez bien les trois femmes sur les deux photos. Est-ce qu'elles sont sœurs ? Que signifie le mot *triplettes* ?
   _____
   _____
   _____
   _____
   _____

3. Regardez les deux photos et expliquez le sens du titre du film.
   _____
   _____
   _____
   _____
   _____

Jeux

A. Mots croisés. Utilisez *le vocabulaire du film* pour compléter les mots croisés. Utilisez l'article défini ou indéfini devant le nom !

Verticalement
1. L'article indéfini, féminin singulier.
2. La grande course de vélo en France.
3. Champion fait une collection de coupures de presse dans _____ de photos.
4. Un véhicule pour transporter des gens.
5. Un groupe de trois personnes.
6. Un gros véhicule pour transporter des choses.
7. Une personne qui participe à une course.
9. La grande tour à Paris.
10. Un animal vert.
11. Les Triplettes jouent des instruments bizarres. _____ est surtout bizarre !
12. L'article défini, masculin et singulier.
13. L'article indéfini, masculin et singulier.
15. Un véhicule pour traverser l'océan.
17. Champion a les cheveux _____.
18. Dans une grande ville, il y a beaucoup de gratte-_____.
21. Le Mafieux a un frère _____.
24. L'article indéfini, masculin ou féminin pluriel.

Horizontalement
1. Madame Souza loue _____ pour traverser l'océan.
3. Une personne qui gagne le Tour de France.
8. Une personne qui répare des machines.
10. Il y en a des blancs, des verts, des jaunes, etc.
13. Une femme qui chante.
14. Un groupe de beaucoup de personnes.
16. Monter une montagne.
19. Madame Souza achète _____ pour Champion.
20. La couleur de l'amour.
22. L'article défini, masculin ou féminin pluriel.
23. Paris est _____.

Cinéphile Les Triplettes de Belleville

B. *Scènes !* Regardez les scènes suivantes. Inventez un dialogue entre les personnages. Narrez les scènes avec vos partenaires.

« Cadeau ! »
7 minutes 43 secondes
Personnages
Madame Souza, Champion, Bruno

Exemple :
- **Madame Souza :** Bonjour, Champion !
- **Champion :** Bonjour, grand-mère.
- **Madame Souza :** Voilà un cadeau…
- **Champion :** Oh ! C'est beau !

« Kidnappé ! »
27 minutes 30 secondes
Personnages
Les Mafieux, Champion

Exemple :
- **Un Mafieux :** Bonjour, Monsieur.
- **Champion :** Bonjour, Monsieur. Vous montez dans le camion ?

« Rencontres »
39 minutes 40 secondes
Personnages
Madame Souza, Bruno, Les Triplettes

Exemple :
- **Madame Souza :** Bonsoir, Mesdames.
- **Les Triplettes :** Bonsoir, Madame. Comment allez-vous ?
- **Madame Souza :** Pas bien…

Culture

A. *Avez-vous compris ?* Déterminez si les phrases suivantes sont possibles ou impossibles.

Un jeune français des années 1950…

1. possible   impossible   … habite à la campagne avec ses parents.
2. possible   impossible   … a une grosse voiture, un baladeur MP3 et un portable.
3. possible   impossible   … aime parler au téléphone et jouer à des jeux vidéos.
4. possible   impossible   … va rarement au cinéma, mais il aime Marilyn Monroe.
5. possible   impossible   … adore le Tour de France et admire Lance Armstrong !

B. *Vrai ou fausses ?* Déterminez si les phrases suivantes sont vraies ou fausses.

1. vrai   faux   On aime les clichés.
2. vrai   faux   Les clichés sont méchants.
3. vrai   faux   Les clichés sont basés sur la réalité et l'ignorance.
4. vrai   faux   Les clichés sont basés sur les différences et la peur.
5. vrai   faux   Les clichés aident à comprendre les autres.

C. A vous ! Pensez aux clichés que vous avez entendus et faites une liste de ces clichés selon les rubriques suivants.

1. Clichés sur certaines nationalités : _____

2. Clichés sur certains métiers : _____

3. Clichés sur les jeunes : _____

4. Clichés sur les personnes âgées : _____

5. Clichés sur des athlètes : _____

Cinéphile   Les Triplettes de Belleville

Composition

Une grande aventure ! Vous êtes scénariste et vous écrivez le scénario de votre prochain dessin animé.

Avant d'écrire :	Faites une liste du vocabulaire que vous allez utiliser dans votre composition.
	Faites un plan avec une introduction, le corps de votre histoire et une conclusion.
Ecrivez :	Suivez votre plan et utilisez le manuel pour vérifier le vocabulaire et la grammaire.
	Evitez les répétitions : cherchez des synonymes et variez la longueur des phrases.
Après avoir écrit :	Relisez votre composition : cherchez les fautes d'orthographes et vérifiez les accents.
	Est-ce que le contenu est bon (une bonne variété de vocabulaire et de structures grammaticales) ?
	Est-ce que le contenu est présenté de manière logique ?
	Est-ce que l'histoire est originale et intéressante ?

Une grande aventure !
Personnages : un grand-père, une petite-fille, des mafieux, un chat
Décor : une grande ville
Epoque : les années 1990

Chapitre 2

Exercices de vocabulaire

A. *Gens.* Reliez les descriptions à droite avec les personnes à gauche.

_____ 1. un père   A. une femme sans mari
_____ 2. une mère   B. un homme avec une femme morte
_____ 3. un grand-père   C. une personne qui aide des gens malades
_____ 4. un veuf   D. une personne qui protège des gens
_____ 5. une célibataire   E. une femme avec un enfant
_____ 6. une aide soignante   F. une personne qui étudie des insectes
_____ 7. une concierge   G. une femme qui travaille dans un café
_____ 8. un entomologiste   H. un homme avec un petit-enfant
_____ 9. un policier   I. un homme avec un enfant
_____ 10. une serveuse   J. une personne chargée de la garde d'un immeuble

B. *Familles.* Reliez les définitions avec les mots et les expressions suivants. Vous pouvez consulter les réponses pour vous aider !

Vocabulaire	
A. un mariage	E. une famille recomposée
B. un PACS	F. une famille
C. un divorce	G. une famille élargie
D. une famille monoparentale	H. une famille nucléaire

_____ 1. Un groupe de personnes qui habitent ensemble ; la composition et le nombre de membres varient.

_____ 2. Deux parents (un père et une mère) et un ou plusieurs enfants.

_____ 3. Un parent (un père ou une mère) et un ou plusieurs enfants.

_____ 4. Un ou deux parents, un ou plusieurs enfants et un autre parent (un oncle, une tante, un cousin, un grand-parent, etc.).

_____ 5. Un couple d'adultes (mariés ou non) et un ou plusieurs enfants nés d'une union précédente de l'un des deux adultes.

_____ 6. Une séparation légale d'un mariage de deux adultes avec ou sans enfants.

_____ 7. Un contrat légal qui donne au couple des avantages d'un mariage sans être mariés.

_____ 8. Une union légale d'un homme et d'une femme.

Réponses : 1. F ; 2. H ; 3. D ; 4. G ; 5. E ; 6. C ; 7. B ; 8. A

Cinéphile — Le Papillon

C. *Portrait de famille.* Complétez le tableau suivant avec *le vocabulaire du film*.

Ma famille et moi			
	Lieu de résidence	Occupation	Loisirs
Moi		étudiant/e	
Mes parents			
Mes frères/mes sœurs			
Mes grands-parents			
Autres			

D. *Chronologie.* Mettez les phrases suivantes en ordre chronologique.

_____ Ensuite, la mère va au commissariat.

_____ La police trouve la fille.

_____ Finalement, la fille rentre chez sa mère.

_____ D'abord, une mère perd sa fille.

_____ Puis, la police cherche la fille.

Après avoir visionné

Compréhension générale

A. Chronologie. Mettez les phrases suivantes en ordre chronologique.

_____ Isabelle découvre l'absence d'Elsa et elle va au commissariat.

_____ Puis, Elsa se cache dans la voiture de Julien.

_____ D'abord, Elsa attend sa mère après l'école.

_____ Après, Julien et Elsa arrivent dans le Vercors et ils commencent à chercher le papillon.

_____ Elsa tombe dans un trou et la police arrête Julien.

_____ Finalement, Julien est libéré et tout le monde est content.

_____ Ensuite, Julien découvre Elsa.

B. Personnages. Reliez les descriptions à droite avec *les personnages* à gauche.

_____ 1. Elsa A. Elle s'occupe du chat de Julien.

_____ 2. Isabelle B. Il fête son anniversaire.

_____ 3. Julien C. Il n'existe pas.

_____ 4. Marguerite D. Il cherche Isabelle.

_____ 5. La serveuse du café E. Elle est triste pour Elsa.

_____ 6. Le père de Sébastien F. Elle cherche de l'amour et de la sécurité.

_____ 7. La grand-mère de Sébastien G. Il réussit à libérer Elsa du trou.

_____ 8. Sébastien H. Elle regarde la pendule toute la journée.

_____ 9. Le père d'Elsa I. Elle cherche Julien.

_____ 10. La police J. Elle est égoïste et insouciante.

C. Portrait de la famille. Complétez le tableau suivant avec *le vocabulaire du film*.

La famille d'Elsa			
	Lieu de résidence	Occupation	Loisirs
Elsa			
Ses parents			
Ses grands-parents			
Autres			

D. Profil. Complétez le tableau suivant.

Profil du Papillon
Titre :
Genre :
Année de production :
Réalisateur :
Lieu de l'action :
3 événements principaux :
1.
2.
3.
5 mots clés :
1.
2.
3.
4.
5.
Sommaire (une phrase) :
Anecdote :

Exercices de vocabulaire

A. Familles. Utilisez *le vocabulaire du film* pour compléter le tableau suivant.

Vocabulaire			
aide soignante	fille unique	Macdo	montagne
appartement	Game Boy	maison	père
célibataire	grand-mère	mariés	randonnées
cinéma	grand-père	mère	riche/s
famille	grande ville	monoparentale	

	Elsa	Sébastien
Famille	Elle est d'une famille _____. Elle est _____.	Il est d'une famille élargie. Il est fils unique.
Parents	Elle a une _____. Sa mère est _____. Elle est _____.	Il a un _____ et une _____. Ses parents sont _____.
Grands-parents	Elle appelle Julien « Papi », mais elle n'a pas de vrai _____ et pas de grand-mère.	Il a une _____. Elle habite avec la famille.
Logement	Elle habite dans une _____. Elle habite un _____ à Paris.	Il habite à la _____. Il habite une _____ dans le Vercors.
Argent	Sa mère n'est pas _____.	Ses parents ne sont pas _____.
Repas	Elle mange au _____ avec sa mère.	Il mange à la maison avec sa _____.
Loisirs	Elle joue au _____. Elle va au _____ avec sa mère.	Il joue dans le jardin. Il fait des _____ avec son père.

Cinéphile   Le Papillon

B. Sommaire ! Utilisez *le vocabulaire du film* pour compléter le sommaire de l'intrigue du film.

Le Papillon
Sommaire du film

Vocabulaire
arrêté
commissariat
content
des chenilles
des papillons
la concierge
la maison
la montagne
le géomètre
les étoiles
père
un copain
un coup de fil
un policier
un refuge
un trou

Elsa attend _____ de sa mère après l'école mais sa mère rend visite à _____. Elsa accompagne donc Julien à _____ où ils attrapent _____ et _____. Ils passent une nuit dans _____ et une nuit dans _____ de Sébastien. Les autres nuits, ils dorment sous _____.

La mère d'Elsa commence à se soucier pour sa fille. Elle va au _____ avec _____ Marguerite.

_____ regarde la télé où il voit la photo d'Elsa. Il parle avec _____.

Julien et Elsa continuent la recherche d'Isabelle. Elsa tombe dans _____. Sébastien et son _____ arrivent et Sébastien libère Elsa. Julien est _____ mais il est libéré tout de suite. Tout le monde est _____ à la fin du film.

C. Et après ? Comment vont les choses deux mois plus tard ? Est-ce qu'Isabelle est une bonne mère ? Est-ce que Julien et Elsa s'entendent bien ? Utilisez *le vocabulaire du film* pour décrire comment les choses vont.

Modèle : C'est l'été et Elsa passe tous ses après-midi chez Julien. Elsa adore les papillons ! Quand il fait beau, Julien et Elsa jouent au basket-ball. Après le travail, Isabelle prépare un bon dîner et Isabelle, Elsa et Julien dînent ensemble. Le week-end ils vont au cinéma ou à la campagne !

Les choses vont bien ! / Les choses ne vont pas bien !

_____
_____
_____
_____
_____
_____

Grammaire

2.1 – L'adjectif qualificatif (révision)

A. Genre et nombre. Déterminez si **les adjectifs qualificatifs** suivants sont *masculins* **ou** *féminins*, *masculins* **et** *féminins* et *singuliers* **ou** *pluriels*.

	M	F	S	PL	adjectif		M	F	S	PL	adjectif
1.	☐	☐	☐	☐	intelligente	6.	☐	☐	☐	☐	grand
2.	☐	☐	☐	☐	charmants	7.	☐	☐	☐	☐	petite
3.	☐	☐	☐	☐	mariée	8.	☐	☐	☐	☐	contents
4.	☐	☐	☐	☐	agréables	9.	☐	☐	☐	☐	âgé
5.	☐	☐	☐	☐	célibataire	10.	☐	☐	☐	☐	précoce

B. Genre et nombre. Mettez **les adjectifs qualificatifs** suivants 1) *au féminin* et 2) *au pluriel*.

Féminin   *Pluriel*

1. petit _____ _____
2. grand _____ _____
3. calme _____ _____
4. pauvre _____ _____
5. réservé _____ _____

C. Comment sont-ils ? Trouvez **des adjectifs qualificatifs** du vocabulaire du film qui décrivent les qualités des gens suivants et déterminez si la qualité est positive ou négative. Attention à l'accord des adjectifs !

Les réponses varient selon les opinions des étudiants !

Personne	Adjectif qualificatif	Positive/négative
une femme célibataire	insouciante, débrouillarde	négative, positive
un veuf		
un grand-père		
un père		
une mère		
une fille		
une aide soignante		
une concierge		
un entomologiste		
une serveuse		

D. Transformations. Les personnages principaux du film évoluent. Complétez le tableau suivant avec **les adjectifs qualificatifs** qui montrent les transformations des personnages suivants.

Personnage	Au début du film…	A la fin du film…
Isabelle – papillon		
Isabelle - mère		
Elsa		
Julien		

2.2 - Les verbes en –ir et les verbes en -re

A. Terminaisons. Regardez les verbes suivants et déterminez s'il s'agit d'**un verbe en –ir** ou **en –re**.

	–ir	-re	verbe			–ir	-re	verbe
1.	☐	☐	finissons		6.	☐	☐	conduit
2.	☐	☐	perdent		7.	☐	☐	sortez
3.	☐	☐	comprends		8.	☐	☐	répondons
4.	☐	☐	sait		9.	☐	☐	connaissent
5.	☐	☐	couvre		10.	☐	☐	réussis

B. Pluriel. Ecrivez le pluriel **des pronoms sujets** et **des verbes** suivants.

	Singulier	Pluriel		Singulier	Pluriel
1.	tu mens	_____	5.	elle prend	_____
2.	je réussis	_____	6.	tu pars	_____
3.	il découvre	_____	7.	il connaît	_____
4.	tu perds	_____	8.	je conduis	_____

C. Singulier. Ecrivez le singulier **des pronoms sujets** et **des verbes** suivants.

	Pluriel	Singulier		Pluriel	Singulier
1.	vous attendez	_____	5.	elles choisissent	_____
2.	nous dormons	_____	6.	nous comprenons	_____
3.	ils entendent	_____	7.	vous riez	_____
4.	vous ouvrez	_____	8.	ils suivent	_____

D. Conjugaisons. Choisissez les conjugaisons des *verbes en –ir et en –re* qui conviennent.

1. Elsa _____ sa mère après l'école.
   a. attende
   b. attend

2. Elsa _____ que sa mère ne vient pas.
   a. apprend
   b. apprendit

3. Julien et la serveuse _____ qu'Isabelle n'est pas une bonne mère.
   a. comprendent
   b. comprennent

4. Julien _____ de son appartement pour parler avec Marguerite.
   a. sort
   b. sortit

5. Elsa _____ à Julien et elle ouvre la porte de la salle des papillons.
   a. désobéit
   b. désobéie

6. Julien _____ pour le Vercors. Elsa se cache dans la voiture de Julien.
   a. part
   b. pare

7. Elsa pose beaucoup de questions à Julien. Il ne _____ pas à ses questions.
   a. répondit
   b. répond

8. Julien aime le Vercors parce qu'on _____ bien les oiseaux, les insectes, etc.
   a. entend
   b. entende

9. Pendant leur voyage dans le Vercors, Julien et Elsa _____ beaucoup à la vie.
   a. réfléchient
   b. réfléchissent

10. Julien et Elsa _____ amis.
    a. devenissent
    b. deviennent

11. Quand Julien _____ du Commissariat de police, Isabelle et Elsa sont contentes.
    a. sore
    b. sort

12. Ils _____ que tout s'arrangera !
    a. savent
    b. savoient

E. Choix. Choisissez le bon verbe selon le contexte et conjuguez-le pour compléter le paragraphe suivant.

Savoir ou connaître ?

Elsa est débrouillarde ! Elle _____ bien le quartier et elle _____ qu'elle peut passer l'après-midi au café. La serveuse du café _____ Elsa et elle _____ où elle habite. Julien ne _____ pas Elsa mais il _____ qu'elle est triste. Il l'invite chez lui et leur aventure commence !

Partir ou sortir ?

Elsa _____ de l'école et elle attend sa mère. Elsa _____ un peu plus tard. Isabelle a dû _____ avec ses copains. Elsa _____ donc pour le Vercors. Quand Julien arrive à l'hôtel, Elsa _____ de la voiture. Quelle surprise !

2.3 - Le conditionnel présent

A. Conditionnel. Donnez les radicaux *du conditionnel* qui correspondent aux infinitifs suivants.

1. aller _____	9. essayer _____	17. revenir _____
2. appeler _____	10. être _____	18. rire _____
3. attendre _____	11. faire _____	19. savoir _____
4. avoir _____	13. falloir _____	20. sortir _____
5. choisir _____	13. mourir _____	21. suivre _____
6. connaître _____	14. parler _____	22. valoir _____
7. courir _____	15. pouvoir _____	23. vivre _____
8. devoir _____	16. recevoir _____	24. vouloir _____

B. Politesse. Rendez le dialogue suivant plus poli. Utilisez *le conditionnel*.

Elsa : Julien, je **veux** t'accompagner. _____

Julien : Elsa, tu **peux** téléphoner à ta mère avant de partir. _____

Elsa : Mais elle **veut** que je t'accompagne ! _____

Julien : Elsa, tu **dois** appeler ta mère ! _____

Elsa : Nous **pouvons** l'appeler plus tard ! _____

Julien : Je **préfère** que tu l'appelles tout de suite ! _____

Elsa : Et moi, j'**aime** commencer ce voyage tout de suite ! _____

C. Interview. Complétez les phrases suivantes avec *le conditionnel* des verbes entre parenthèses.

Julien : Si je trouvais le papillon, je _____ (tenir) ma promesse à mon fils et je _____ (être) très content !

Elsa : Si ma mère était à la maison, nous _____ (pouvoir) dîner ensemble, nous _____ (regarder) la télé, elle _____ (lire) des livres avec moi etc. Je/j'_____ (avoir) une bonne mère !

Isabelle : Si je passais plus de temps avec Elsa, on _____ (faire) du basket ensemble, on _____ (aller) à la campagne où l'on _____ (voir) des oiseaux, des papillons et des vaches ! Je/j'_____ (essayer) d'être une bonne mère !

D. Rêves. De quoi est-ce qu'Elsa rêve ? Faites des phrases avec les éléments donnés. Utilisez *le conditionnel*.

1. Je/j' : aimer _____
2. Je : vouloir _____
3. Ma mère : devoir _____
4. Julien : pouvoir _____
5. Nous : pouvoir _____

Le Papillon

Cinéphile

2.4 – La négation (révision)

A. *Mais non !* Complétez le dialogue suivant avec des réponses négatives. Utilisez *l'adverbe négatif ne/n'… pas*.

Votre copain et vous écoutez une conversation entre une mère et sa fille au sujet du petit copain de la fille…

Mère :   […] Alors, Michel et toi, vous partez en vacances bientôt ?

Fille :   Ben… Non, _____

Mère :   Michel aime voyager de temps en temps ?

Fille :   Euh… enfin… Non, _____

Mère :   Dis donc ! Vous sortez ce week-end ?

Fille :   Non, _____. Michel préfère rester à la maison.

Mère :   Quelle vie de couple ! Qu'est-ce que vous faites ensemble ? Vous regardez des films ?

Fille :   Non, malheureusement, _____

Mère :   Oh ! Ma puce ! Est-ce que tu aimes Michel ?

Fille :   Ben… Non, _____. En fait, je pense à le quitter…

Mère :   Je comprends pourquoi…

B. *Négation*. Utilisez les éléments donnés pour écrire l'histoire d'une petite fille. Mettez les phrases *au négatif* et ajoutez des mots du vocabulaire du cinéma pour créer une histoire intéressante ! Utilisez l'adverbe négatif *ne/n'… pas*.

Vocabulaire du cinéma Pour écrire					
J'admire…	I admire…	alors	so	puis	then
J'aime…	I like…	au début	in the beginning	quelquefois	sometimes
J'apprécie…	I appreciate, enjoy…	beaucoup	a lot	souvent	often
Je déteste…	I hate…	bien	well	trop	too much
Je préfère…	I prefer…	d'abord	first	toujours	always
Je pense que…	I think that…	ensuite	then, next	vraiment	really
à la fin	at the end	finalement	finally		
à mon avis	in my opinion	mal	poorly, badly		
après	after	peu	little		

1. une fille / obéir / à sa mère
2. la fille / voyager / avec la permission de l'homme
3. l'homme / aimer / voyager / avec la fille
4. la fille / comprendre / grand chose sur la vie
5. l'homme / comprendre / les questions de la fille
6. l'homme / répondre / aux questions de la fille
7. ils / trouver / les insectes qu'ils cherchent
8. ils / finir / leur voyage ensemble
9. ils / rentrer / à Paris ensemble
10. la mère / punir / la fille

La petite fille et son voyage

Une fille n'obéit pas toujours à sa mère…

_____
_____
_____
_____
_____
_____
_____
_____

2.5 – L'interrogation : les questions à réponse oui/non, les questions d'information, les pronoms interrogatifs invariables

A. Questions. Transformez les phrases suivantes en *questions à réponse oui ou non*.

1. Les étudiants aiment le film.

   Avec **est-ce que** : _____

   Avec **n'est-ce pas** : _____

   Avec **l'inversion** : _____

2. Le réalisateur choisit des acteurs connus.

   Avec **est-ce que** : _____

   Avec **n'est-ce pas** : _____

   Avec **l'inversion** : _____

3. L'acteur joue dans beaucoup de films.

   Avec **est-ce que** : _____

   Avec **n'est-ce pas** : _____

   Avec **l'inversion** : _____

B. Chez Julien. Utilisez les éléments suivants pour poser *des questions à réponse oui/non*.

1. Julien • aimer • les enfants
   Avec est-ce que _____
   Avec l'inversion _____

2. Julien et Elsa • attendre • la rentrée d'Isabelle
   Avec est-ce que _____
   Avec l'inversion _____

3. Elsa • obéir • à Julien
   Avec est-ce que _____
   Avec l'inversion _____

4. Elsa • ouvrir • la porte de la salle des papillons
   Avec est-ce que _____
   Avec l'inversion _____

5. Julien • punir • Elsa
   Avec est-ce que _____
   Avec l'inversion _____

C. Réponses. Lisez *les questions d'information* suivantes et choisissez les réponses qui conviennent.

1. Pourquoi attends-tu ici ?
   a. parce que…
   b. un endroit
   c. une chose

2. Qu'attends-tu ?
   a. une chose
   b. une personne
   c. pour…

3. Qui attends-tu ?
   a. une chose
   b. une date
   c. une personne

4. Quand arrive-t-elle ?
   a. une personne
   b. une date
   c. un endroit

5. Comment arrive-t-elle ?
   a. une date
   b. un endroit
   c. une explication

6. Où va-t-elle cet été ?
   a. une chose
   b. un endroit
   c. un adverbe

D. Renseignements. Lisez les réponses suivantes et écrivez *les questions d'information* qui correspondent aux mots soulignés. Utilisez *est-ce que* ou *l'inversion* pour poser vos questions.

1. J'habite **à Paris**.
   _____

2. J'habite **avec ma fille**.
   _____

3. Elle rend visite au voisin **après l'école**.
   _____

4. Elle s'intéresse surtout **au basket-ball**.
   _____

5. Nous allons **prendre des vacances**.
　　_____

6. Nous partons en voyage **pour étudier des animaux sauvages**.
　　_____

7. Nous voyageons **en voiture**.
　　_____

8. Nous passons **6 jours** à la montagne.
　　_____

E. *Comment ?* Vous racontez l'histoire du *Papillon* à votre grand-père. Il n'entend pas bien et vous demande de répéter des éléments de votre histoire. Posez *les questions d'information* qui correspondent aux mots soulignés.

　　Vous :　　**Une jeune mère et sa fille** aménagent dans un appartement à Paris.
　　Papi :　　_____

　　Vous :　　La fille, Elsa, est négligée **par sa mère**.
　　Papi :　　_____

　　Vous :　　Elsa embête le voisin d'en bas **parce qu'elle fait rebondir son ballon de basket**.
　　Papi :　　_____

　　Vous :　　Le voisin s'appelle **Julien**.
　　Papi :　　_____

　　Vous :　　Julien collectionne **les papillons**.
　　Papi :　　_____

　　Vous :　　Julien part pour le Vercors **le lendemain**.
　　Papi :　　_____

　　Vous :　　Julien cherche un papillon **dans le Vercors**.
　　Papi :　　_____

　　Vous :　　Elsa part **avec Julien**.
　　Papi :　　_____

　　Vous :　　Julien et Elsa passent **trois jours** dans le Vercors.
　　Papi :　　_____

　　Vous :　　La police cherche **Elsa**.
　　Papi :　　_____

　　Vous :　　La police trouve Elsa **à la fin du film**.
　　Papi :　　_____

Le Papillon　　　　　　　　　　　　　　　　　　　　　　　　　　　　　　　　　　Cinéphile

2.6 – Les adjectifs et les pronoms interrogatifs

A. *Interview.* Vous préparez des questions pour une interview avec Philipe Muyl. Complétez les questions avec *l'adjectif interrogatif quel.*

_____ genres de films préférez-vous ? _____ films aimez-vous ? _____ est le titre de votre film préféré ? Aimez-vous les comédies ? _____ comédies aimez-vous ? _____ réalisateurs admirez-vous ? Avec _____ acteurs et avec _____ actrices aimez-vous travailler ? _____ est la date de la sortie de votre prochain film ?

B. *Au magasin.* Julien et Elsa sont au magasin de vêtements où ils achètent des vêtements pour Elsa. Complétez leur dialogue avec *le pronom interrogatif lequel.*

Elsa : J'ai besoin de beaucoup de choses pour ce voyage !

Julien : C'est vrai ! Il faut un blouson. _____ préfères-tu ? Et les chaussures ! _____ veux-tu acheter ?

Elsa : Les chapeaux ici sont très beaux ! _____ aimes-tu Julien ?

Julien : Tu n'as pas de chaussettes ! _____ vont avec tes chaussures ?

Elsa : Tu parles à une vendeuse ? _____ parles-tu ?

Julien : Tu parles toujours de ton maillot. _____ parles-tu ?

Elsa : Je parle de mon maillot du NBA ! J'ai besoin aussi d'un sac à dos. _____ achète-t-on ?

Julien : Ça y est ! Il faut qu'on aille. On y va !

C. *Questions d'Elsa.* Elsa pose beaucoup de questions à Julien. Complétez leurs conversations avec *l'adjectif interrogatif quel* ou *le pronom interrogatif lequel* selon le contexte.

Conversation 1

Elsa : Julien ? _____ est ton histoire préférée ?

Julien : Oh… J'aime beaucoup d'histoires ! _____ histoire est-ce que je te raconte ? J'aime l'histoire de la petite fille perdue. _____ préfères-tu ?

Elsa : Hmmm…. _____ fille perdue ?

Julien : La petite fille de huit ans. Elle a beaucoup de rêves.

Elsa : _____ rêves a-t-elle ?

Julien : Elle rêve de jouer à des sports.

Elsa : Ah bon ! _____ joue-t-elle ?

Julien : Elle joue au basket. Tu la connais ?

Elsa : Peut-être…

Conversation 2

Elsa : Julien ? Tu vois l'homme là-bas ?

Julien : Je vois deux hommes. _____ parles-tu ?

Elsa : Je parle de l'homme qui parle avec la femme.

Julien : Celui qui parle avec la femme ? Avec _____ femme ?

Elsa : Avec _____ ? Avec la belle femme blonde !

Julien : Ah oui ! _____ belle femme ! _____ est le problème Elsa ?

Elsa : Je pense que l'homme n'aime pas le Vercors !

Julien : Oui… c'est vrai…. ! Je pense qu'il préfère le travail !

Traduction

Français → anglais

A. Mots et expressions. Traduisez les mots et les expressions suivantes *en anglais*.

1. suivre quelqu'un
2. courir après quelqu'un
3. apprendre quelque chose
4. apprendre à faire quelque chose
5. perdre quelque chose
6. perdre espoir
7. perdre patience
8. connaître quelqu'un
9. savoir quelque chose
10. savoir faire quelque chose

B. Phrases. Traduisez les phrases suivantes *en anglais*.

1. Sa mère ne tient pas sa promesse.
2. Elle sort toujours le week-end.
3. Elsa part avec Julien.
4. Julien ne connaît pas très bien Elsa.
5. Pourtant il sait qu'elle est triste.

Le Papillon

Cinéphile

Anglais → français

A. Mots et expressions. Traduisez les mots et les expressions suivantes *en français*.

1. to go out often
2. to wait for someone
3. to look for someone
4. to find something
5. to leave
6. to help someone do something
7. to succeed in doing something
8. which girl
9. which man
10. what problems

B. Phrases. Traduisez les phrases suivantes *en français*.

1. Are you leaving now ?
2. Where are you going ?
3. Could I help you ?
4. Should I take care of the cat ?
5. When are you returning ?

C. Scénario. Vous écrivez le sommaire du film *Le Papillon*. Traduisez-le *en français*.

In search

Elsa is a little girl who is looking for her mother's love. Isabelle is a young mother who doesn't know how to show that she loves her daughter. Julien is a lonely man who is looking for a butterfly. Elsa and Julien leave for le Vercors where they meet Sébastien's family - the ideal family ! Elsa knows that she should return to Paris because her mother is worried. But before returning, she would like to help Julien find his butterfly. Do they succeed in finding the butterfly or do they discover something else ?

Photo

A. Détails. Regardez l'image et choisissez les bonnes réponses.

1. Où se passe cette scène ?
   a. dans un jardin à Paris
   b. dans un jardin à Grenoble
   c. dans le Vercors

2. Quand cette scène se passe-t-elle ?
   a. C'est la première scène du film.
   b. C'est une scène du milieu du film.
   c. C'est une scène vers la fin du film.

3. Qui sont les personnages sur la photo ?
   a. Elsa et Julien
   b. Elsa et Sébastien
   c. Isabelle et Julien

4. Que font les personnages sur la photo ?
   a. Ils cherchent un bon endroit pour appeler la mère de la fille.
   b. Ils cherchent un bon endroit pour faire du basket.
   c. Ils cherchent un bon endroit pour attendre le papillon.

5. Qu'est-ce qui se passe après cette scène ?
   a. Ils continuent le voyage.
   b. Ils mangent au MacDo.
   c. La police arrête Isabelle.

Le Papillon   Cinéphile

B. Complétez. Utilisez *le vocabulaire* suivant pour compléter la présentation de la photo.

Vocabulaire			
à la montagne	l'amour	un maillot	veuf
aventure	le basket	un papillon	voyageurs
grande	négligée	une randonnée	

Présentation de la photo

Les deux personnages sont _____. Ils font _____. L'homme sur la photo est _____. Il cherche _____. La fille sur la photo est _____. Elle cherche _____. La fille porte _____ du NBA parce qu'elle adore _____ et parce qu'elle rêve d'être plus _____. Les deux _____ commencent une grande _____ !

C. En général. Répondez aux questions suivantes. Ecrivez deux ou trois phrases.

1. Faites une description de la photo. Qu'est-ce qui se passe ?

2. Décrivez les émotions des deux personnages.

3. Donnez un titre à la photo. Justifiez votre choix.

D. Aller plus loin. Ecrivez un paragraphe pour répondre aux questions suivantes.

1. La photo montre le début de trois voyages : la recherche d'Isabelle ; le voyage de Julien et le voyage d'Elsa. Expliquez les trois voyages.

2. Cette photo est aussi la jaquette du DVD. Pourquoi à votre avis ?

Jeux

A. Expressions. Choisissez *les expressions américaines* qui correspondent aux expressions données.

1. sur le dos
   a. on my back
   b. on the back

2. dans les pattes
   a. under my feet
   b. in my feet

3. tomber dans le panneau
   a. to fall on the sign
   b. to be fooled

4. tout sauf une promenade
   a. everything but a walk
   b. not a picnic

5. chercher une aiguille dans une botte de foin
   a. to look for a needle in a straw boot
   b. to look for a needle in a haystack

6. être comme une poule qui a trouvé un couteau
   a. to be at a complete loss
   b. to be like a chicken who found a knife

7. leur amour ne tient qu'à un fil
   a. their love only holds a wire
   b. their love hangs by a thread

8. du balai, du balai, du balai
   a. scram
   b. get the broom

9. tape
   a. shake on it
   b. type it

10. tomber amoureux
    a. to fall out of love
    b. to fall in love

11. tomber enceinte
    a. to get pregnant
    b. to fall in

12. une étoile filante
    a. a fleeing star
    b. a shooting star

B. Scènes ! Regardez les scènes suivantes. Inventez un dialogue entre les personnages dans les scènes et jouez les scènes avec vos partenaires. Utilisez les expressions données pour vous inspirer !

Situation	Personnages	Expression/s
00 : 07 : 00	Julien et Marguerite	sur le dos, sur les bras, dans les pattes
00 : 13 : 47	Julien et Elsa	tomber dans le panneau
00 : 15 : 16	Julien et Elsa	tout sauf une promenade
00 : 15 : 45	Julien et Elsa	chercher une aiguille dans une botte de foin
00 : 22 : 35	Julien et Elsa	être comme une poule qui a trouvé un couteau
00 : 29 : 34	Julien et Elsa	leur amour ne tient qu'à un fil
00 : 41 : 11	Julien et Elsa	du balai, du balai, du balai
00 : 47 : 00	Julien et Elsa	tape
01 : 03 : 00	Julien et Elsa	tomber amoureuse et tomber enceinte
01 : 03 : 15	Julien et Elsa	une étoile filante

Culture

A. *Traductions.* Choisissez les traductions qui correspondent aux sigles.

1.	ANPE	a.	Transportation department	b.	Unemployment agency
2.	BD	a.	Comic strip	b.	Welfare payment, income support
3.	DASS	a.	Department of sanitation	b.	Children's Protective Services
4.	HLM	a.	Low income housing	b.	International department store
5.	IVG	a.	Abortion	b.	Social Security
6.	PACS	a.	Legal marriage alternative	b.	Legal business partnership
7.	RMI	a.	National railway system	b.	Welfare payment, income support
8.	SDF	a.	National labor union	b.	Homeless
9.	SMIC	a.	Minimum wage	b.	National electric company
10.	TGV	a.	High speed train	b.	National security department

B. *Familles.* Avez-vous bien compris ? Lisez les phrases suivantes et déterminez si elles sont vraies ou fausses.

1. vrai   faux   Bien que la famille nombreuse disparaisse, les enfants représentent presque 20% de la population française.
2. vrai   faux   Presque 50% des enfants sont nés hors mariage.
3. vrai   faux   Les crèches municipales de Paris ont assez de places pour tous les enfants parisiens.
4. vrai   faux   Le nombre d'enfants non souhaités continue d'augmenter en France.
5. vrai   faux   Le nombre de mariages continue d'augmenter en France.
6. vrai   faux   On remarque que les hommes et les femmes français partagent de plus en plus les tâches domestiques.
7. vrai   faux   A Paris, la moitié des mariages se termine par un divorce.
8. vrai   faux   Les jeunes célibataires constituent la plupart des gens qui habitent seuls (surtout à Paris).
9. vrai   faux   Grâce aux avancées médicales, l'espérance de vie d'un Français est à peu près de 80 ans.
10. vrai   faux   40% de la population française a plus de 60 ans.

C. *Les Français.* Qu'est-ce que vous avez appris sur les Français ? Ecrivez deux ou trois phrases pour résumer ce que vous avez appris.

1. **Les enfants :** _____
   _____

2. **Le couple :** _____
   _____

3. **Les retraités :** _____
   _____

Cinéphile   Le Papillon

Composition

Scènes coupées ! Vous trouvez une scène coupée du film. Isabelle découvre qu'Elsa n'est pas à la maison. Elle va chez Marguerite pour qu'elle l'aide. Avant d'aller au commissariat, Marguerite lui pose des questions sur Elsa. Ecrivez la scène. Utilisez surtout les mots interrogatifs, les verbes en –ir et en –re, le conditionnel, la négation et les adjectifs qualificatifs pour développer une scène intéressante.

Avant d'écrire :	Faites une liste du vocabulaire et des structures grammaticales que vous allez utiliser dans votre composition.
	Faites un plan avec une introduction à la scène, le développement de la scène et une conclusion.
Ecrivez :	Suivez votre plan et utilisez le manuel pour vérifier le vocabulaire et la grammaire.
	Evitez les répétitions : cherchez des synonymes et variez la longueur des phrases.
Après avoir écrit :	Relisez votre composition : cherchez les fautes d'orthographes et vérifiez les accents.
	Est-ce que le contenu est bon (une bonne variété de vocabulaire et de structures grammaticales) ?
	Est-ce que le contenu est présenté de manière logique ?
	Est-ce que la scène est originale et intéressante ?

Le Papillon   Cinéphile

Chapitre 3

Exercices de vocabulaire

A. Titres. Donnez un titre à chaque groupe de mots.

Exemple : lundi mardi mercredi *les jours de la semaine*

1. mars   août   mai   _____
2. histoire   maths   français _____
3. foot   volley   hockey   _____
4. mauvais   du vent   frais   _____
5. feutre   tableau   gomme   _____
6. maternelle collège   lycée   _____
7. champ   colline   forêt   _____
8. aujourd'hui demain   hier   _____
9. printemps été   hiver   _____
10. pantoufles anorak   gants   _____

B. Matières. Ecrivez les matières qui correspondent aux descriptions suivantes.

1. _____   L'étude des personnages et des événements passés.
2. _____   Le temps donné aux élèves pour jouer.
3. _____   L'étude de la biologie, de la chimie, … .
4. _____   L'étude des nombres, des figures géométriques, … .
5. _____   L'étude des ordinateurs, des logiciels, … .
6. _____   L'étude de la langue parlée en France, au Canada, … .
7. _____   La pratique du coloriage, du dessin, … .
8. _____   L'activité physique (l'athlétisme, la gymnastique…).
9. _____   L'étude de la langue parlée en Angleterre, aux USA, … .
10. _____ L'étude des droits et des devoirs de l'homme, … .

C. *Que portent-ils ?* Observez le temps qu'il fait et déterminez ce qu'il faut porter !

1. [⛈] _____
2. [☀] _____
3. [⛅] _____
4. [🌧] _____
5. [🌨] _____

D. *Année scolaire.* Mettez les phrases en ordre chronologique. Commencez par le début de l'année scolaire.

_____ C'est le printemps ; on fait un pique-nique.

_____ C'est l'hiver ; on ne va pas à l'école. Ce sont les vacances d'hiver !

_____ C'est l'été ; c'est la fin de l'année scolaire.

_____ C'est l'automne ; c'est la rentrée scolaire.

_____ C'est l'été ; on ne va pas à l'école. Ce sont les vacances d'été !

Après avoir visionné

Compréhension générale

A. Saisons. Mettez les phrases suivantes en ordre chronologique.

_____ C'est l'été ; les enfants disent au revoir à l'instituteur pour la dernière fois cette année.

_____ C'est l'hiver ; les enfants font de la luge.

_____ C'est le printemps ; les enfants ont cours dans le jardin. C'est presque l'été et il fait bon !

_____ C'est l'été ; le film se termine.

_____ C'est le printemps ; les enfants et l'instituteur font un pique-nique.

_____ C'est l'hiver ; le film commence.

B. Emploi du temps. Reliez les colonnes pour décrire la journée des enfants. **Les réponses varient.**

_____ 1. le matin   ⏰   A. Ils écoutent l'instituteur.

_____ 2. le matin   ⏰   B. Ils vont au lit.

_____ 3. le matin   ⏰   C. Ils déjeunent.

_____ 4. midi   ⏰   D. Ils vont à l'école en camionnette.

_____ 5. l'après-midi   ⏰   E. Ils dînent.

_____ 6. l'après-midi   ⏰   F. Ils font leurs devoirs.

_____ 7. le soir   ⏰   G. Ils jouent dehors ; c'est la récréation.

_____ 8. le soir   ⏰   H. Ils rentrent de l'école.

_____ 9. le soir   ⏰   I. Ils travaillent à la ferme.

_____ 10. le soir   ⏰   J. Ils arrivent à l'école.

C. Questions à choix multiples. Choisissez la bonne réponse.

1. Le film commence _____.
   a. en hiver   b. au printemps   c. en automne

2. Le film a lieu _____.
   a. en Normandie   b. en Provence   c. en Auvergne

3. La région où a lieu le film a un climat _____.
   a. doux   b. rude   c. chaud

Cinéphile   Etre et Avoir

4. L'industrie principale de la région est ____.
   a. l'agriculture b. le tourisme c. l'automobile
5. En général, l'école est ____.
   a. assez bien équipée b. dans un mauvais état c. très moderne
6. Les élèves ont de ____.
   a. 5 à 15 ans b. 3 à 11 ans c. 3 à 9 ans
7. En général, les enfants sont de familles ____.
   a. très riches b. aisées c. à revenus modérés
8. En général, les fermes des familles ont ____.
   a. des vaches b. du blé c. des fleurs
9. Les maisons des enfants sont ____.
   a. luxueuses b. très modernes c. correctes
10. Le film montre bien ____ d'une école unique.
    a. les problèmes b. la vie quotidienne c. des jours importants

D. **Profil.** Complétez le tableau suivant.

Profil d'*Etre et avoir*
Titre :
Genre :
Année de production :
Réalisateur :
Lieu de l'action :
3 événements principaux :
1.
2.
3.
5 mots clés :
1.
2.
3.
4.
5.
Sommaire (une phrase) :
Anecdote :

Exercices de vocabulaire

A. A l'école ! Utilisez *le vocabulaire du cahier* pour compléter les phrases suivantes.

1. Saint-Etienne-sur-Usson est _____ qui se trouve en Auvergne.
2. L'Auvergne est une région avec un climat _____.
3. M. Lopez est _____ d'une école à _____.
4. Ça fait 20 ans que M. Lopez dicte. Ça fait beaucoup de _____ !
5. Il y a 13 _____ à l'école.
6. Les enfants s'amusent beaucoup dans la cour pendant _____.
7. Tout le monde adore Jojo. Il est _____ de la classe.
8. Les autres enfants sont mignons aussi ! Par exemple, Alizé est adorable quand quelqu'un vole _____.
9. M. Lopez et les enfants sont tristes parce que Jonathan, Julien, Nathalie et Olivier vont aller _____ l'année prochaine.
10. L'année prochaine, M. Lopez va prendre _____.

B. Vêtements. Que portent-ils ? Corrigez les phrases suivantes en remplaçant les vêtements donnés avec ceux qui correspondent mieux au contexte. Utilisez *le vocabulaire du cahier*.

1. Il neige dehors. Les enfants entrent dans l'école. Ils enlèvent __**leurs sandales**__ et ils mettent __**leurs baskets**__ avant d'entrer dans la salle de classe.
2. Les hivers sont très froids en Auvergne. Quand les enfants jouent dehors, ils portent __**un blouson**__.
3. Il fait froid dans la salle de classe aussi ! Les enfants portent __**un tee-shirt**__.
4. Les filles, surtout Marie et Alizé, aiment mettre __**un short et des baskets**__ même quand il fait froid !
5. M. Lopez n'est pas très habillé. En général, il porte __**un costume**__.
6. Julien travaille à la ferme. Il fait mauvais ! Il porte __**un short**__.
7. Il pleut et les enfants sortent de l'école. Ils portent __**des pantoufles**__.
8. Les enfants ont cours dehors. Il fait beau ! Olivier porte __**un foulard**__.
9. Les parents, les enfants et M. Lopez font un pique-nique. Ils portent __**un anorak**__.
10. A la fin du film, il fait beau et les enfants portent __**un anorak et des bottes**__.

Cinéphile · Etre et Avoir

Grammaire

3.1 – Les verbes être et avoir, Introduction aux pronoms compléments

A. *Qui est-ce ?* Complétez les phrases avec la forme appropriée **des verbes être** ou *avoir* selon le contexte. Ensuite, écrivez le nom du personnage du film qui correspond à la description.

Elèves				
Alizé	Jojo	Julien	Nathalie	Olivier

1. C'est _____. Il _____ quatre ans, les cheveux châtain et longs. Il _____ adorable. C'_____ le chouchou de la classe.

2. C'est _____. Elle _____ onze ans, les cheveux noirs et des lunettes. Elle _____ très réservée et timide.

3. C'est _____. Elle _____ trois ans, les cheveux blonds, longs et ondulés. Elle _____ toute petite et c'est l'élève la plus jeune de la classe.

4. C'est _____. Il _____ assez timide et sérieux et un peu triste. Il _____ dix ans et les cheveux châtain et assez longs.

5. C'est _____. Il _____ assez grand et costaud et de bonne humeur. Il _____ aussi assez ouvert. Il _____ les cheveux noirs et courts.

B. *Le chouchou et le cancre.* Comment sont le chouchou et le cancre ? Décrivez comment ils sont/ne sont pas et ce qu'ils ont/n'ont pas. Ecrivez un paragraphe pour faire leurs portraits. Utilisez **les verbes être** et *avoir*.

le chouchou v. le cancre			
	Le chouchou est…		**Le cancre n'est pas…**
être	un bon élève		un bon élève
	Le chouchou n'est pas…		**Le cancre est…**
	Le chouchou a…		**Le cancre n'a pas…**
avoir	du bon sens		de bon sens
	Le chouchou n'a pas…		**Le cancre a…**

En général, le chouchou est… _____

_____

_____

_____

C. Portraits. Faites les portraits des personnages suivants. Utilisez *les verbes être* et *avoir*.

Portraits		
	être	avoir
M. Lopez	est sympa	a de la patience
Les parents de Julien		
Olivier		
Jojo		

D. Personnages. Répondez aux questions suivantes. Utilisez *les verbes être* et *avoir* et *les pronoms compléments d'objet direct (le, la, l', les)* ou *le pronom en* selon le contexte.

1. Est-ce que Jojo est mignon ? A-t-il beaucoup d'énergie ?
   _____

2. Est-ce que Julien est travailleur ? A-t-il a trop de travail ?
   _____

3. Est-ce qu'Olivier est triste ? A-t-il plusieurs soucis ?
   _____

4. Est-ce que Nathalie est timide ? A-t-elle des difficultés ?
   _____

5. Est-ce que M. Lopez est gentil ? A-t-il assez de patience ?
   _____

E. Etre et avoir. Complétez les phrases suivantes avec la forme appropriée *des verbes être et avoir ou des expressions avec être et avoir* selon le contexte.

Verbes			
avoir	avoir du mal (à)	avoir l'air	avoir l'habitude (de)
avoir le temps (de)	avoir peur (de)	avoir raison	être
être de bonne humeur	être de mauvaise humeur	être sur le point	

1. M. Lopez est très calme et, en général, il _____.
2. M. Lopez _____ jeune, mais en réalité il n'_____ pas jeune.
3. Quand il y a un problème, M. Lopez _____ de parler avec les parents de ses élèves.
4. Les grands _____ de travailler pendant que M. Lopez travaille avec les petits.
5. Jojo _____ d'aller jouer dehors quand M. Lopez lui dit qu'il doit finir son travail.

Cinéphile   Etre et Avoir

6. Olivier et Julien se disputent. Ils _____.
7. M. Lopez explique aux enfants qu'il faut être amis. M. Lopez _____ !
8. Nathalie est timide. Elle _____ à parler avec les autres.
9. Jonathan, Julien, Nathalie et Olivier vont au collège l'année prochaine. Ils _____ !
10. A la fin du film, le spectateur _____ beaucoup de respect pour M. Lopez.

3.2 - Le verbe faire, Le pronom en

A. *Que faites-vous ?* Complétez le tableau suivant selon le modèle. Utilisez *l'article défini, les contractions avec de et l'article défini* ou *de*. Attention ! Les verbes de préférences sont suivis de *l'article défini* !

	Matières		
le français	J'aime *le français*.	Je fais *du français*.	Je ne fais pas *de français*.
la chimie	J'aime _____.	Je fais _____.	Je ne fais pas _____.
l'art	J'aime _____.	Je fais _____.	Je ne fais pas _____.
les maths	J'aime _____.	Je fais _____.	Je ne fais pas _____.
	Sports		
le football	J'aime _____.	Je fais _____.	Je ne fais pas _____.
la voile	J'aime _____.	Je fais _____.	Je ne fais pas _____.
l'aviron	J'aime _____.	Je fais _____.	Je ne fais pas _____.
les sports	J'aime _____.	Je fais _____.	Je ne fais pas _____.
	Instruments de musique		
le piano	J'aime _____.	Je fais _____.	Je ne fais pas _____.
la guitare	J'aime _____.	Je fais _____.	Je ne fais pas _____.
l'accordéon	J'aime _____.	Je fais _____.	Je ne fais pas _____.
les cymbales	J'aime _____.	Je fais _____.	Je ne fais pas _____.
	Activités diverses		
le théâtre	J'aime _____.	Je fais _____.	Je ne fais pas _____.
la politique	J'aime _____.	Je fais _____.	Je ne fais pas _____.
l'astronomie	J'aime _____.	Je fais _____.	Je ne fais pas _____.
les recherches	J'aime _____.	Je fais _____.	Je ne fais pas _____.

B. Emploi du temps. Vous avez 10 ans. Qu'est-ce que vous faites à l'école ? Complétez le tableau suivant et indiquez ce que vous faites à l'école. Ecrivez un paragraphe pour décrire votre journée typique. Utilisez *les expressions avec faire* et *le vocabulaire du cahier*.

	Mon emploi du temps		
	destination	cours	activité
8h30	l'école, la cour de récréation	∅	faire du football
9h30			
10h30			
11h30			
12h30			
1h30			
2h30			
3h30			
4h30			
5h30			
6h30			
7h30			
8h30			

J'ai une journée très chargée... _____
_____
_____
_____
_____

C. Météo. Les élèves étudient la météo des régions de France. Complétez les phrases avec le temps qu'il fait. Utilisez *le verbe faire*.

Ile-de-France - 50°F/10°C   Provence - 65°F/18°C   Corse - 75°F/24°C   Bretagne - 45°F/7°C   Auvergne - 30°F/-1°C

1. En Ile-de-France, _____
2. En Provence, _____
3. En Corse, _____
4. En Bretagne, _____
5. En Auvergne, _____

D. Saisons. Quelle saison est-ce que vous préférez ? Complétez le tableau suivant avec le temps qu'il fait pendant chaque saison et les activités que vous aimez faire. Ensuite, écrivez un paragraphe pour décrire vos préférences. Utilisez *les expressions avec faire*.

	Le temps	Les activités
en hiver	Il fait froid et il neige.	Je fais de la luge.
au printemps		
en été		
en automne		

_____
_____
_____
_____

E. Loisirs. M. Lopez parle avec un élève de ses activités préférées. Répondez aux questions suivantes. Utilisez *le verbe faire* et *le pronom en*.

1. Que fais-tu en été ? Fais-tu de la luge ?
   _____

2. Que fais-tu en automne ? Fais-tu du ski ?
   _____

3. Que fais-tu en hiver ? Fais-tu de la voile ?
   _____

4. Que fais-tu au printemps ? Fais-tu du vélo ?
   _____

5. Que fais-tu après l'école ? Fais-tu du sport ?
   _____

6. Que fais-tu le week-end ? Fais-tu de la musique ?
   _____

3.3 – Les verbes aller et venir, Le passé récent et le futur proche

A. Où ? Les enfants parlent de leurs vacances avec l'instituteur. Où vont-ils ? Complétez le dialogue avec la forme appropriée **du verbe aller** et **la contraction de la préposition à** et **l'article défini**.

L'instituteur : Parlons de nos vacances ! Où _____-vous pendant les vacances ?

Maxime : Moi, je _____ _____ campagne pour voir mes cousins ; ma sœur _____ _____ châteaux de la Loire avec ses amies. Quand elle rentre chez nous, ma famille et moi, nous _____ _____ montagne pour voir nos grands-parents.

L'instituteur : Et toi Nathan ? Tu _____ _____ plage, n'est-ce pas ?

Nathan : Non, mes parents n'aiment pas nager. Ils _____ toujours _____ musées pendant les vacances. Alors, je _____ chez ma grand-mère. Nous _____ _____ cinéma tous les jours !

L'instituteur : Et moi ? Je _____ _____ mer pour me reposer !

Les enfants : Bon voyage, Monsieur !

B. D'où ? Les enfants rentrent dans la classe après la récréation. L'instituteur leur pose des questions. Complétez leur dialogue avec la forme appropriée **du verbe venir** et **la contraction de la préposition de** et **l'article défini**.

L'instituteur : _____'où _____ - vous, vous deux ?

Maxime : Je _____ _____ infothèque et Jacob _____ ____ bibliothèque.

L'instituteur : Et les filles ?

Nathan : Elles _____ _____ bureau. Elles parlent souvent avec le directeur.

L'instituteur : Et vous autres ?

Les autres : Nous _____ _____ cour. Nous ne travaillons pas pendant la récréation !

C. Venir et aller. Indiquez l'origine et la destination des gens suivants. Utilisez **les verbes venir et aller** et **les contractions des prépositions de et à** et **l'article défini**.

Modèle :   Nous   *Nous venons du cinéma. Nous allons chez nous.*

ORIGINE DESTINATION

1. la maison / le restaurant — Vous _____
2. la ville / la montagne — Ils _____
3. la forêt / la plage — Je _____
4. la gare / le lit — Elle _____
5. le musée / la maison — Tu _____

Cinéphile   Etre et Avoir

55

D. Notre journée. Complétez les phrases suivantes avec la forme appropriée *du passé récent ou du futur proche* selon le contexte.

1. 🕐 Je suis toujours fatiguée ; je _____ me lever à 6h50.

2. 🕐 Nous attendons la camionnette ; nous _____ aller à l'école.

3. 🕐 Les autres élèves _____ arriver. Les cours commencent à 8h30.

4. 🕐 Tu as déjà faim ? Tu _____ manger à midi !

5. 🕐 C'est l'heure de la récréation ; nous _____ manger.

6. 🕐 Le maître demande : « Qu'est-ce que vous _____ faire ce soir ? »

7. 🕐 Nous répondons : « On _____ faire nos devoirs ! »

8. 🕐 Mon frère _____ rentrer de l'école. Mes parents _____ rentrer à 6 heures 30.

9. 🕐 Je _____ préparer à manger. On _____ dîner.

10. 🕐 Les enfants _____ se laver. Ils _____ aller au lit.

3.4 - Le futur simple

A. Futur. Donnez les radicaux *du futur* qui correspondent aux infinitifs suivants.

1. aller	_____	9. essayer	_____	17. revenir	_____
2. appeler	_____	10. être	_____	18. rire	_____
3. attendre	_____	11. faire	_____	19. savoir	_____
4. avoir	_____	13. falloir	_____	20. sortir	_____
5. choisir	_____	13. mourir	_____	21. suivre	_____
6. connaître	_____	14. parler	_____	22. valoir	_____
7. courir	_____	15. pouvoir	_____	23. vivre	_____
8. devoir	_____	16. recevoir	_____	24. vouloir	_____

B. Cet après-midi. Monsieur Lopez parle à sa classe et à son assistante. Complétez ses phrases avec *le futur* des verbes entre parenthèses.

Aux élèves : Jojo, quand tu _____ (finir) l'exercice, dis-le-moi. Julien et Nathalie, si vous avez des questions, vous me les _____ (poser).

A l'assistante :   Nathalie _____ (devoir) passer l'examen cet après-midi. Elle _____ (pouvoir) se concentrer mieux quand il y _____ (avoir) moins de bruit. Si tu as besoin d'aide, tu _____ (venir) me chercher.

Aux élèves :   Nous _____ (aller) dans la cour cet après-midi et vous _____ (être) très sages. Je ne _____ (vouloir) pas vous punir !

C. *A la retraite !* Monsieur Lopez prendra sa retraite l'année prochaine. Comment passera-t-il son temps libre ? Ecrivez un paragraphe *au futur* pour décrire ce qu'il fera.

L'année prochaine, je serai à la retraite….
_____
_____
_____
_____

3.5 – Les adjectifs et les pronoms démonstratifs

A. *Exercice-1.* M. Lopez apprend les chiffres à Jessie. Complétez son explication avec *les adjectifs démonstratifs* et *–ci* et *–là* selon le contexte.

_____ exercice est facile ! Prends _____ stylo-_____ et je prendrai _____ stylo-_____. Ecris ton nom sur _____ feuille. Affiche ta feuille sur _____ tableau-_____. Puis, écris _____ chiffres sur la feuille. _____ après-midi, nous écrirons d'autres chiffres sur _____ feuille.

B. *Exercice-2.* M. Lopez aide toujours Jessie. Complétez leur dialogue avec *les adjectifs* et *les pronoms démonstratifs* qui conviennent.

Jessie :   Monsieur, je prends _____ stylo-_____ ? _____ est rouge ? Je n'aime pas _____ couleur ! Je prendrai plutôt _____ Marie !

M. Lopez :   Non ! Je prends _____. Et toi, tu prends _____ et _____ feuille.

Jessie :   Je prends _____ Johann ?

M. Lopez :   Non, prends la mienne - _____ est sur _____ table.

Jessie :   Et je l'affiche sur _____ tableau ?

M. Lopez :   Oui ! Sur _____ où j'ai mis ma feuille ! Bon ! Vas-y !

3.6 – La négation : adverbes, adjectifs, pronoms et conjonctions négatifs

A. *Conseiller académique.* Complétez le dialogue entre un conseiller académique et un élève. Utilisez ***les expressions négatives.***

CA : Tu as <u>des problèmes</u>, n'est-ce pas ?

Elève : Non, je _____ ai _____ problème.

CA : Tu fais <u>toujours</u> tes devoirs ?

Elève : Non, je _____ fais _____ mes devoirs.

CA : Michel est <u>toujours</u> ton ami ?

Elève : Non, il _____ est _____ mon ami.

CA : Tu m'écoutes ou tu regardes <u>quelque chose</u> ?

Elève : Non, je _____ regarde _____. Je vous écoute.

CA : Ah bon ? Tu regardes <u>quelqu'un</u> alors ?

Elève : Non, je _____ regarde _____. Je vous écoute.

CA : Tu <u>vas</u> parler avec l'instituteur de ton problème ?

Elève : Non, je _____ vais _____ parler avec l'instituteur de mon problème.

CA : On résout <u>notre problème</u> ?

Elève : Non, on _____ résout _____ !

B. *Faux !* Les phrases suivantes sont fausses. Mettez les phrases suivantes au négatif pour les corriger. Utilisez ***les expressions négatives.*** Attention aux articles !

1. Au début du film, il y a quelqu'un dans la salle.
   _____

2. Dans le village, il y a beaucoup de maisons et de bâtiments.
   _____

3. Le village est très animé et il y a toujours quelque chose à faire.
   _____

4. L'école est très grande et moderne.
   _____

5. Les élèves ont toujours des problèmes avec l'instituteur.
   _____

6. Nathalie est toujours très bavarde parce qu'elle a beaucoup de confiance en elle.
   _____

7. Nathalie parle à tout le monde.
   _____

8. Après cette année, Jonathan, Julien, Nathalie et Olivier vont toujours à l'école primaire.
   _____

9. Après l'an prochain, M. Lopez va toujours être instituteur.
   _____

10. A la fin du film, M. Lopez est très content ; il veut toujours prendre sa retraite et quitter l'école.
    _____

C. *L'école.* Vous faites un documentaire. 10 élèves et un instituteur vont passer six mois dans une école à classe unique. Vous faites l'inventaire de ce qu'il va y avoir/ne va pas y avoir dans la salle et décrivez comment la salle va être/ne va pas être. Ecrivez un paragraphe pour décrire l'école aux participants. Utilisez *les expressions négatives*.

L'école à classe unique		
	l'école va être...	l'école ne va pas être...
être	petite	grande
	l'école va avoir	l'école ne va pas avoir
avoir	un tableau	d'ordinateur

Vous allez passer 6 mois dans une école à classe unique. _____
_____
_____
_____

Traduction

Français → anglais

A. Mots et expressions. Traduisez les mots et les expressions suivantes **en anglais**.

1. ne…jamais rien d'amusant
2. ne…jamais personne d'intéressant
3. ne…jamais nulle part
4. ne…aucun ami
5. ne…ni lire ni écrire
6. ne…qu'un problème
7. ne…pas du tout
8. faire travailler
9. faire rire
10. faire pleurer

B. Phrases. Traduisez les phrases suivantes **en anglais**.

1. Il ne sait ni lire ni écrire.
2. Il n'a aucun ami à l'école.
3. Il ne va jamais nulle part.
4. L'instituteur fait rire les élèves.
5. Mais ils ne font jamais rien d'intéressant.

Anglais → français

A. Mots et expressions. Traduisez les mots et les expressions suivantes **en français**.

1. to be # years old
2. to be right
3. to be in agreement
4. to have difficulty in…
5. to be # degrees
6. to be cold (weather)
7. to be warm (weather)
8. to be going to do
9. to just have done
10. to do (future)

Etre et Avoir

Cinéphile

B. *Phrases.* Traduisez les phrases suivantes *en français*.

1. Nathalie is 11 years old. _____
2. She is very shy. _____
3. She has trouble communicating. _____
4. She is going to go to junior high school. _____
5. She won't ask for any help. _____

C. *Au collège.* M. Lopez écrit un mot à un professeur au futur collège de Nathalie. Traduisez-le *en français*.

> Dear Sir,
> Nathalie is 11 years old and she is charming but shy. She has difficulty in communicating and she hardly speaks to the others. She will have difficulty making friends in junior high school and I hope that she will not be too sad. The first year of junior high school will without a doubt be difficult for her but I know that you will help her succeed. It will be necessary to explain to Nathalie that she will have to work hard and do her homework. She will not ask for any help but I know that she will want some. Good luck !
> M. Lopez

_____

_____

_____

_____

_____

_____

_____

M. Lopez

Cinéphile   Etre et Avoir

Photo

A. Détails. Regardez la photo et cochez les bonnes réponses.

1. Lieu :
   - ☐ l'école
   - ☐ l'extérieur
   - ☐ une maison
   - ☐ l'intérieur
   - ☐ autre _____
   - ☐ autre _____

2. Personnages :
   - ☐ un parent
   - ☐ Jojo
   - ☐ l'instituteur
   - ☐ Alizé
   - ☐ Marie
   - ☐ Jonathan

3. Emotions :
   - ☐ la colère
   - ☐ la tristesse
   - ☐ la patience
   - ☐ l'incertitude
   - ☐ l'impatience
   - ☐ l'ennui
   - ☐ la joie
   - ☐ la peur

B. Vrai ou Faux ? Déterminez si les phrases sont vraies ou fausses.

1. vrai   faux   Le monsieur et les enfants jouent à un jeu.
2. vrai   faux   Le monsieur n'est pas content du comportement des enfants.
3. vrai   faux   Les enfants s'ennuient. Ils veulent aller jouer dehors !
4. vrai   faux   Le monsieur et les enfants regardent le travail de Jojo.
5. vrai   faux   Les enfants s'intéressent au travail.

C. En général. Répondez aux questions suivantes. Ecrivez deux ou trois phrases.

1. Qu'est-ce qui se passe ? Faites une petite description de la photo.
   _____
   _____

2. Où est-ce que la scène se passe ? Faites un inventaire de ce que vous voyez.
   _____
   _____

Etre et Avoir   Cinéphile

3. Est-ce qu'il fait froid ou chaud ? Justifiez votre réponse.
   _____
   _____

4. Donnez un titre à la photo. Justifiez votre choix.
   _____
   _____
   _____

D. *Aller plus loin.* Ecrivez un paragraphe pour répondre aux questions suivantes.
   1. Décrivez le comportement de M. Lopez.
      _____
      _____
      _____

   2. Décrivez le comportement des élèves.
      _____
      _____
      _____

   3. Où sont les grands ? Qu'est-ce qu'ils font ?
      _____
      _____
      _____

   4. Est-ce que cette scène est typique des relations entre les élèves ? Justifiez votre réponse avec des exemples précis du film.
      _____
      _____
      _____

   5. Est-ce que cette scène est typique d'autres scènes du film ? Justifiez votre réponse avec des exemples précis du film.
      _____
      _____
      _____

Cinéphile   Etre et Avoir

Jeux

A. Rédaction ! Vous êtes instituteur. Corrigez la composition d'un de vos élèves. Après, expliquez à l'élève les règles de la grammaire française pour qu'il comprenne ses fautes.

> Michel Marceau
> le 29 setembre
>
> Une rédaction
> Ma vie à la école
>
> Je suis huit ans et je vai à la école de Saint-Etienne-sur-Usson. J'aie une ami et un amie. J'eme fais de les maths mais je ne eme pa le français. Après la école, mes ami vienent chez mois. Nous faizons de le football. Ils sont set heure maintenant. Je mange et je vaie à le lit !

Version corrigée   Michel Marceau

_____

_____

_____

_____

_____

_____

_____

_____

Explications

1. *Je suis 8 ans. J'ai huit ans.*   En français, on utilise le verbe avoir pour exprimer l'âge.
2. _____
3. _____
4. _____
5. _____
6. _____
7. _____
8. _____
9. _____
10. _____

Etre et Avoir   Cinéphile

B. *Qui est-ce ?* Lisez les phrases suivantes à haute voix et déterminez si c'est l'instituteur ou un enfant/des enfants qui les disent.

1. Allez, assoyez-vous. — l'instituteur — Létitia
2. C'est un petit peu bien. — l'instituteur — Marie
3. C'est un vilain cauchemar … un vilain rêve. — l'instituteur — Axel
4. Après 7 il y a 6 … après 7 il y a 8. — l'instituteur — Jojo
5. Nous aussi ! Nous avons des boules de neige ! — l'instituteur — Axel
6. Tu n'as pas envie de travailler aujourd'hui ? — l'instituteur — Jojo
7. … la gomme, c'était à moi. — l'instituteur — Alizé
8. C'est facile de dire une insulte … ça peut faire très mal. — l'instituteur — Julien
9. Moi, j'ai eu envie d'être instit très très tôt en fait. — l'instituteur — Axel
10. Au revoir Monsieur ! — l'instituteur — les élèves

C. *Scènes.* Pensez aux scènes suivantes. Décidez si la scène décrite est plutôt comique, neutre ou triste.

1. comique neutre triste Jojo compte. Le numéro 6 vient après le numéro 7.
2. comique neutre triste Les élèves font des crêpes.
3. comique neutre triste Quelqu'un vole la gomme d'Alizé.
4. comique neutre triste M. Lopez parle avec Nathalie de ses difficultés à s'exprimer.
5. comique neutre triste Jojo se lave les mains.
6. comique neutre triste Johann pousse Jojo. Jojo tombe et pleure.
7. comique neutre triste M. Lopez parle de sa famille et de son métier.
8. comique neutre triste Jojo et Marie font des photocopies.
9. comique neutre triste Olivier parle avec M. Lopez de la maladie de son père.
10. comique neutre triste On cherche Alizé qui s'est perdue dans le champ.

D. *Scènes préférées.* Regardez les scènes de l'exercice C et choisissez les scènes que vous aimez beaucoup. Développez un dialogue qui correspond à la scène.

Exemple : Quelqu'un vole la gomme d'Alizé.

Alizé : La gomme ! Elle est à moi. C'est ma gomme !
Instituteur : Qu'est-ce qu'il y a Alizé ?
Alizé : Je n'ai plus de gomme !!
Instituteur : Tu cherches celle-ci ?

Culture

A. *Le cinéma français.* Citez quelques exemples pour chaque rubrique.

1. Genres de films français : _____
2. Films français : _____
3. Acteurs français : _____
4. Actrices françaises : _____
5. Cinéastes français : _____

B. *Documentaires français.* Qu'est-ce qu'un documentaire ? Citez quelques exemples pour chaque rubrique.

1. Eléments des documentaires : _____
2. Adjectifs caractérisants des documentaires : _____
3. Thèmes des documentaires : _____
4. Thèmes du film *Etre et avoir* : _____
5. Documentaires de Nicolas Philibert : _____

C. *Documentaire de Philibert.* On dirait que les documentaires de Philibert se distinguent des autres documentaires parce qu'il cherche à porter un nouveau regard sur la vie contemporaine. Analysez *Etre et avoir*.

Analyse
Etre et avoir

Sujet :

Personnages :

Epoque :

But :

Techniques/caractéristiques de « son regard » :

Est-ce qu'il réussit à porter un nouveau regard sur la vie contemporaine ?

Composition

Instituteur ! Vous serez le nouvel instituteur (la nouvelle institutrice) à l'école primaire de Saint-Etienne-Sur-Usson. Parlez de ce que vous ferez à l'école ; de ce que vous changerez (ou ne changerez pas !) ; du village ; de vos élèves ; de votre emploi du temps ; etc. Ecrivez un paragraphe pour décrire vos premiers pas à l'école.

Avant d'écrire :	Faites une liste du vocabulaire et des structures grammaticales que vous allez utiliser dans votre composition. Faites un plan avec une introduction, des idées principales et une conclusion.
Ecrivez :	Suivez votre plan et utilisez le manuel pour vérifier le vocabulaire et la grammaire. Evitez les répétitions : cherchez des synonymes et variez la longueur des phrases.
Après avoir écrit :	Relisez votre composition : cherchez les fautes d'orthographes et vérifiez les accents. Est-ce que le contenu est bon (une bonne variété de vocabulaire et de structures grammaticales) ? Est-ce que le contenu est présenté de manière logique ? Est-ce que le paragraphe est original et intéressant ?

Cinéphile — Etre et Avoir

Chapitre 4

Exercices de vocabulaire

A. *Contraires.* Donnez les contraires des adjectifs suivants.

1. laid _____ 6. intelligent _____
2. vieux _____ 7. costaud _____
3. sale _____ 8. grand _____
4. riche _____ 9. impoli _____
5. mauvais _____ 10. tendu _____

B. *Caricatures.* Donnez des adjectifs qui décrivent les gens suivants.

1. un guerrier _____
2. un médecin _____
3. un policier _____
4. un snob _____
5. une clocharde _____
6. un clown _____
7. un domestique _____
8. une femme au foyer _____
9. un magicien _____
10. une sorcière _____

C. *Chronologie.* Mettez les phrases en ordre chronologique.

_____ Ensuite, il répare son erreur.

_____ D'abord, il fait une erreur.

_____ Puis, il cherche de l'aide pour corriger son erreur.

_____ A la fin, le chevalier et la femme sont contents.

_____ C'est l'histoire d'un guerrier qui aime une femme.

Cinéphile Les Visiteurs

Après avoir visionné

Compréhension générale

A. *Chronologie*. Mettez les phrases suivantes en ordre chronologique.

_____ Ensuite, il assassine le père de sa future femme.

_____ Puis, il cherche et trouve la formule pour retourner en 1123.

_____ D'abord, il boit une potion hallucinogène.

_____ Après, il essaie de réparer son erreur.

_____ Après, l'homme se trouve au 20e siècle.

_____ Finalement, il retourne à l'an 1123.

_____ C'est l'histoire d'un homme qui aime une femme.

_____ A la fin, ils se marient et sont contents.

_____ Il cherche l'aide du magicien qui se trompe de formule.

B. *Caricatures*. Reliez les qualités et les défauts suivants aux personnages du film.

_____	1. Godefroy	a. clown	k. tendu
_____	2. Jacquouille	b. courageux	l. agressif
_____	3. Béatrice	c. intelligent	m. gênant
_____	4. Jacquart	d. fou	n. relaxe
_____	5. le docteur Beauvin	e. superficiel	o. moqueur
_____	6. Jean-Pierre	f. bête	p. agréable
_____	7. Ginette	g. matérialiste	q. bizarre
_____	8. Eusaebius	h. mince	r. méchant
_____	9. Bernay	i. riche	s. hystérique
_____	10. Fabienne (la secrétaire)	j. gentil	t. snob

C. *Malentendus ?* Cochez les noms qui correspondent aux malentendus des *Visiteurs*.

_____ les chaussures   _____ les voitures   _____ les vêtements   _____ les avions

_____ l'hygiène   _____ les téléphones   _____ la pollution   _____ l'électricité

_____ la nourriture   _____ les portes   _____ les routes   _____ la télévision

_____ les sonnettes   _____ le dentifrice   _____ les ordinateurs   _____ les médicaments

_____ les chevaux   _____ la radio   _____ les trains   _____ les supermarchés

D. *Questions à choix multiples*. Choisissez la bonne réponse.

1. Le comte de Montmirail tue _____.
   a. le père du duc   b. le père de Béatrice   c. le père de Frénégonde

2. Le comte de Montmirail va chez _____ pour réparer son erreur.
   a. le magicien   b. la sorcière   c. le prêtre

Cinéphile   Les Visiteurs

3. Le magicien oublie _____.
   a. son nom b. les œufs de caille c. l'incantation
4. Jacquouille a peur du camion. Il pense que le facteur est _____.
   a. un prêtre b. un médecin c. un Sarrasin
5. Le comte vole _____ du restaurant.
   a. les hamburgers b. les steaks c. les hots-dogs
6. Jacquouille sonne à la porte de Béatrice avec _____.
   a. une gourde b. un grimoire c. une corne
7. Béatrice pense que Godefroy est _____.
   a. cousin Hubert b. cousin Huppert c. cousin Hubbard
8. Il faut aller _____ pour trouver la formule pour retourner au 12ᵉ siècle.
   a. dans le donjon b. au sous-sol c. dans la salle à manger
9. Le château de Montmirail est à _____.
   a. Jacquouille b. Béatrice c. Jacquart
10. Godefroy est né en _____.
    a. 1176 b. 1076 c. 1876
    NB : Cette date est du début du film et en contradiction avec la date indiquée à la fin du film (1079).

D. *Profil.* Complétez le tableau suivant.

Profil des *Visiteurs*

Titre :

Genre :

Année de production :

Réalisateur :

Lieu de l'action :

3 événements principaux :
   1.
   2.
   3.

5 mots clés :
   1.
   2.
   3.
   4.
   5.

Sommaire (une phrase) :

Anecdote :

Exercices de vocabulaire

A. *Famille !* Utilisez *le vocabulaire* pour indiquer les liens de parenté entre les personnages suivants.

1. Le comte de Montmirail est le _____ de Frénégonde.

2. Le duc de Pouille est le _____ de Frénégonde.

3. Le comte de Montmirail est le/l' _____ de Béatrice.

4. Tout le monde pense que le comte de Montmirail est le _____ de Béatrice.

5. Jean-Pierre est le _____ de Béatrice.

6. Béatrice et Jean-Pierre ont deux _____, un _____ et une _____.

7. Ginette la clocharde est la _____ de Jacquouille.

8. Monsieur Ferdinand est le/l' _____ du magicien Eusaebius.

9. Jacquart est le/l' _____ de Jacquouille.

10. La secrétaire pense que Jacquart est le _____ de Jacquouille.

B. *Métiers.* Que font-ils ? Indiquez *les professions* des personnages suivants.

1. Godefroy est _____ ; il va à la guerre pour le roi.

2. Jacquouille est _____ ; il est au service de Godefroy.

3. Béatrice est _____ ; elle s'occupe de la maison et des enfants.

4. Jean-Pierre est _____ ; il répare les dents.

5. Jacquart est _____ ; il possède et s'occupe de l'hôtel.

6. Eusaebius est _____ ; il prépare des potions magiques.

7. Ginette est _____ ; elle ne travaille pas.

8. M. Bernay est _____ ; il est le président de la banque.

9. Beauvin est _____ ; il s'occupe des malades.

10. Louis VI le gros, est _____ ; il fait partie de l'aristocratie française.

Cinéphile   Les Visiteurs

Grammaire

4.1 – L'adjectif qualificatif : formes et place

A. Le féminin. Donnez les formes féminines des adjectifs suivants.

1. superficiel _____
2. moyen _____
3. joli _____
4. agressif _____
5. mauvais _____
6. gentil _____
7. courageux _____
8. bon _____
9. bizarre _____
10. tendu _____

B. Le pluriel. Donnez les formes plurielles des adjectifs suivants.

1. pauvre _____
2. courageux _____
3. impoli _____
4. relaxe _____
5. génial _____
6. vieux _____
7. fragile _____
8. fou _____
9. laid _____
10. nouveau _____

C. L'accord. Complétez l'email suivant avec les formes correctes des adjectifs entre parenthèses.

> de : jeanluc@lasorbonne.edu
> à : jeanpaul@universitédenice.edu
> sujet : Françoise
>
> Salut Jean-Paul !
> Ma _____ (nouveau) _____ (petit) amie est _____ (génial) ! Elle a les cheveux _____ (long) et _____ (blond) et de _____ (beau) yeux _____ (bleu). Elle n'est pas _____ (grand) ; elle est de taille _____ (moyen). Elle est _____ (relaxe) et _____ (moqueur), mais pas _____ (méchant). C'est une _____ (étudiant) _____ (sérieux) et _____ (travailleur). En fait, c'est la femme _____ (idéal) parce qu'elle est aussi _____ (sportif). Et ta _____ (petit) amie. Comment est-elle ?
> Réponds-moi vite ! Jean-Luc

D. Comment sont-ils ? Complétez les phrases suivantes avec **les adjectifs** du vocabulaire qui décrivent les personnages du film.

1. Le comte de Montmirail est _____, mais il n'est pas _____.
2. Jacquouille est quelquefois _____ et toujours _____ !
3. Béatrice est _____, _____ et _____ aussi !
4. Tout le monde trouve Jacquart _____ et _____.
5. Les gens du village pensent que Ginette est _____ et _____.

Cinéphile — Les Visiteurs

6. Jean-Pierre n'est pas _____, mais il est _____.
7. Le magicien Eusaebius est _____ et _____.
8. La sorcière est _____ et _____ bien sûr !
9. Le maréchal des logis est _____ et il n'est pas _____.
10. Le docteur Beauvin est _____ et _____.

E. Traduction. Traduisez les phrases suivantes. Utilisez **les adjectifs qualificatifs.** Attention à la place des adjectifs et à l'emploi de *c'est* et *il est*.

1. Frénégonde is Godefroy's fiancée. She is a pretty woman but she is a little annoying !

2. Godefroy ? He is the great-great-grandfather of Béatrice. He is a warrior.

3. Béatrice ? She is a nice woman and she is very patient.

4. Jean-Pierre is Béatrice's husband. He is a dentist. He is BCBG and a snob !

5. Jacquart is a small man. He has certain problems. His first problem ? He is pretentious.

4.2 - Le comparatif et le superlatif des adjectifs, des noms et des adverbes

A. Comparaisons. Utilisez **le comparatif** pour comparer les personnages suivants.

1. Godefroy est _____ _____ _____ Jacquouille.
2. Godefroy est _____ _____ _____ Jacquouille.
3. Godefroy n'est pas _____ _____ _____ Jacquouille.
4. Jacquart est _____ _____ _____ Jacquouille.
5. Jacquart est _____ _____ _____ Jacquouille.
6. Jacquart n'est pas _____ _____ _____ Jacquouille.
7. Béatrice est _____ _____ _____ Jacquart.
8. Béatrice est _____ _____ _____ Jacquart.
9. Béatrice est _____ _____ _____ Ginette.
10. Béatrice est _____ _____ _____ Ginette.

B. Contraires. Complétez le tableau suivant avec *les adjectifs et les noms* qui décrivent une clocharde et une BCBG. Puis utilisez *le comparatif* et *le superlatif* pour écrire un paragraphe qui compare ces femmes. Pensez à Ginette et à Béatrice pour faire votre comparaison !

	une clocharde	une BCBG
Physiquement		
Moralement		
Vêtements		
Domicile		
Profession		
Autre		

En général, les clochardes sont ... _____

_____

_____

_____

_____

C. Ville ou campagne ? Qu'est-ce que vous préférez ? Complétez le tableau suivant avec *les adjectifs et les noms* qui décrivent les avantages et les inconvénients de la vie en ville et de la vie à la campagne. Puis, utilisez *le comparatif* et *le superlatif* pour écrire un paragraphe qui résume vos préférences.

	avantages	inconvénients
Ville		
Campagne		

Je préfère la vie ... _____

_____

_____

_____

_____

4.3 – Les expressions verbales : avoir, devoir, pouvoir, vouloir

A. Expressions. Complétez les phrases suivantes avec *les expressions avec avoir* qui conviennent.

1. Il y a un homme bizarre dans ma chambre, je _____ !
2. Nous mangeons beaucoup parce que nous _____ !
3. Il fait une erreur, il _____ .
4. Tu bois beaucoup d'eau ! Tu _____ !
5. Elles vont chez le dentiste parce qu'elles _____ aux dents !
6. Vous êtes né le 14 juillet 1986, vous _____ .
7. Je suis malade ! Je _____ !
8. Il y a beaucoup de bruit ! Alors, il _____ aux oreilles !
9. Vous _____ méchant, mais en réalité, vous êtes très gentil !
10. Ce soir, je _____ d'aller voir un film au cinéma !

B. De l'aide ? Godefroy a besoin d'aide et il convainc Béatrice de l'aider. Complétez leur dialogue avec *les verbes avoir, devoir, pouvoir* et *vouloir* qui conviennent.

Béatrice : Je _____ vous aider mais j'_____ un petit problème… je ne sais pas si je _____ vous aider.
Godefroy : Mais vous _____ m'aider ! C'est votre obligation.
Béatrice : On _____ aller à la police. Ce sont eux qui _____ vous aider.
Godefroy : Non ! Vous seule y _____ quelque chose. On va au château parce que Jacquart _____ la bague ! Je _____ trouver la bague pour rentrer !
Béatrice : Oh non ! Je n'en _____ plus ! On n'y _____ rien !
Godefroy : Vous ne _____ pas avoir peur ! Du courage ! _____-vous m'aider ?
Béatrice : D'accord ! Je _____ bien !

C. A sa place. Imaginez que vous êtes Béatrice. Comment réagissez-vous quand vous rencontrez votre arrière arrière-grand-père ? Complétez les phrases suivantes pour expliquez ce que vous feriez à sa place. Utilisez *les expressions avec avoir, devoir, pouvoir* et *vouloir* qui conviennent.

Je rencontre mon arrière arrière-grand-père. Au début, j'ai très peur… _____

Mais je sais que je dois l'aider… _____

Je me demande si je peux l'aider… _____

Malgré mes peurs, je veux l'aider… _____

Cinéphile · Les Visiteurs

4.4 – Les verbes pronominaux

A. Camarades. Complétez l'email suivant avec les formes correctes **des verbes pronominaux** entre parenthèses.

```
de :      Marthe@wanadoo.fr
à :       Mathilde@club-internet.fr
sujet :   Camarades de chambre
```

Bonjour Marthe !

Je _____ (se présenter). Je _____ (s'appeler) Mathilde.

Voilà une journée typique chez moi : Le matin, je _____ (se lever) à 7h. Mon frère _____ (se réveiller) tard, alors je _____ (se laver) la première. Je _____ (s'habiller) et _____ (se brosser) les dents. Puis, mes parents _____ (se préparer) pour aller au travail. Après le petit déjeuner, nous _____ (s'en aller). Nous passons la journée à l'école. Après les cours, nous _____ (se promener) dans la forêt près de chez nous. Quelquefois, nous _____ (se tromper) de chemin, mais en général, nous _____ (se débrouiller) bien. Nous rentrons à la maison et nous dînons. Ensuite, je _____ (se reposer) devant la télé. Finalement, je _____ (se coucher) vers 11h. Et toi ? Quelle est ta routine quotidienne ? Comment est-ce que tu _____ (s'amuser) ? Raconte-moi tout !

A très bientôt, Mathilde

B. Routines. Un journaliste écrit un article sur l'évolution des routines des jeunes. Ecrivez un paragraphe pour répondre aux questions du journaliste. Utilisez **les verbes pronominaux** dans vos réponses.

Journaliste : D'abord, expliquez-moi comment vous passez votre journée. Qu'est-ce que vous faites le matin ? l'après-midi ? le soir ?

_____
_____
_____
_____

Journaliste : Maintenant, imaginez que c'est le 12e siècle. Est-ce que vous avez la même routine quotidienne ? Expliquez.

_____
_____
_____
_____

Cinéphile   Les Visiteurs

4.5 – L'impératif

A. Comportement. Comment est-ce qu'il faut se comporter ? Donnez des suggestions pour exprimer comment il faut et il ne faut pas se comporter. Utilisez *l'impératif*.

Exemple : Il faut se lever ! (vous)   **Levez-vous !**   **Ne vous levez pas !**
A l'affirmatif   Au négatif

1. Il faut regarder le film ! (tu) _____ _____
2. Il faut aller au cinéma ! (nous) _____ _____
3. Il faut se calmer ! (vous) _____ _____
4. Il faut se laver ! (tu) _____ _____
5. Il faut voler les bijoux ! (nous) _____ _____
6. Il faut se mettre à table ! (vous) _____ _____
7. Il faut se brosser les dents ! (tu) _____ _____
8. Il faut avoir raison ! (nous) _____ _____
9. Il faut être gentil ! (tu) _____ _____
10. Il faut faire attention ! (vous) _____ _____

B. Ah Jacquouille ! Jacquouille agace Jean-Pierre. Imaginez les ordres et les suggestions de Jean-Pierre. Utilisez *l'impératif*.

A l'affirmatif   Au négatif
1. _____   _____
2. _____   _____
3. _____   _____
4. _____   _____
5. _____   _____

C. Dîner. Vous avez un grand dîner chez vous. Un/e invité/e vous aide mais elle est un peu tyrannique. Inventez votre dialogue. Utilisez *l'impératif*.

Exemple : Votre invité/e : *Ne mettez pas encore le couvert ! Allez plutôt chercher les assiettes !*
Vous : *On est chez qui alors ?*
Votre invité/e : *Soyez gentil/le ! Je vous aide !*

4.6 – Le présent du subjonctif

A. *Subjonctif*. Donnez les radicaux *du subjonctif* qui correspondent aux infinitifs suivants.

1. aller	_____	9. essayer	_____	17. revenir	_____
2. appeler	_____	10. être	_____	18. rire	_____
3. attendre	_____	11. faire	_____	19. savoir	_____
4. avoir	_____	13. falloir	_____	20. sortir	_____
5. choisir	_____	13. mourir	_____	21. suivre	_____
6. connaître	_____	14. parler	_____	22. valoir	_____
7. courir	_____	15. pouvoir	_____	23. vivre	_____
8. devoir	_____	16. recevoir	_____	24. vouloir	_____

B. *De l'aide*. Béatrice, Jean-Pierre et Godefroy se parlent. Complétez leur dialogue avec *le subjonctif* des verbes entre parenthèses.

Béatrice : Godefroy ! Je suis contente que vous _____ (être) là ! C'est un vrai plaisir de vous rencontrer.

Godefroy : Moi aussi ! Mais vous savez qu'il est nécessaire que je _____ (trouver) un moyen de retourner au 12ᵉ siècle. Il se peut que vous _____ (pouvoir) m'aider.

Jean-Pierre : Moi, je préfère que vous _____ (s'en aller). On ne peut pas vous aider et il vaut mieux que vous _____ (partir) tout de suite.

Béatrice : Jean-Pierre ! Il faut que tu _____ gentil ! Il est important que nous _____ (aider) notre famille !

Godefroy : Il est essentiel que j'_____ (aller) au château.

Béatrice : Oui ! On y va donc !

C. *20ᵉ siècle*. Jacquouille découvre le 20ᵉ siècle avec Ginette. Complétez leur dialogue avec *le subjonctif*, *l'indicatif* ou *l'infinitif* des verbes entre parenthèses.

Jacquouille : J'adore le 20ᵉ siècle ! Je pense que la vie _____ (être) géniale et je ne veux pas _____ (partir) !

Ginette : Moi non plus, je ne veux pas que tu _____ (partir). Il vaut mieux _____ (rester) au 20ᵉ siècle avec moi. Qu'est-ce qu'il faut que tu _____ (faire) pour ne pas partir ?

Jacquouille : D'abord je dois _____ (chercher) des vêtements qui sont plus à la mode ! Puis, il est nécessaire que Jacquart _____ (mettre) mes vêtements. Il est important que Godefroy _____ (croire) que je _____ (partir) avec lui.

Ginette : Penses-tu que Jacquart _____ (être) difficile ?

Jacquouille : Absolument. Il faut le _____ (droguer). J'espère qu'on _____ (pouvoir) trouver des tranquillisants. Il est possible que Jean-Pierre en _____ (avoir) quelques-uns. Je veux que tu _____ (aller) chez Jean-Pierre parce que je sais que tu _____ en trouver.

Ginette : D'accord. On commence tout de suite. Je suis contente de t'_____ (aider) !

D. Voyages. Vous faites un voyage. Votre agent de voyages veut quelques renseignements sur vos préférences. Complétez le formulaire suivant. Puis, écrivez un paragraphe pour résumer vos préférences. Utilisez **le subjonctif**, **l'indicatif** ou **l'infinitif**.

Vous voyagez...			
☐ rarement	☐ souvent	☐ beaucoup	☐ autre
☐ en automne	☐ en hiver	☐ au printemps	☐ en été
☐ 2 - 3 jours	☐ une semaine	☐ plusieurs semaines	☐ autre
☐ seul/e	☐ avec des amis	☐ avec votre famille	☐ autre
☐ près de chez vous	☐ loin de chez vous	☐ à l'étranger	☐ autre
☐ dans les grandes villes	☐ dans les villages	☐ à la campagne	☐ autre
☐ pour vous amuser	☐ pour étudier	☐ pour travailler	☐ autre
Vous logez...			
☐ dans un hôtel bon marché	☐ dans un hôtel de luxe	☐ dans une auberge	
☐ dans un château	☐ sous une tente	☐ dans une caravane	☐ autre
☐ chez des amis	☐ chez votre famille	☐ autre	
Vous préférez...			
☐ les climats chauds	☐ les climats froids	☐ les climats tropicaux	☐ autre
☐ les activités touristiques	☐ les activités reposantes	☐ les aventures	☐ autre

*En général, j'aime **voyager en été**. Cet été, il faut que **j'aille en France** et que **je trouve un hôtel bon marché**...* _____

_____

_____

_____

_____

Traduction

Français → anglais

A. Mots et expressions. Traduisez les mots et les expressions suivantes *en anglais*.

1. se laver
2. se laver les mains
3. laver la voiture
4. aimer quelqu'un
5. s'aimer
6. plus calme que
7. moins courageux que
8. meilleur que
9. le meilleur
10. autant de patience que

B. Phrases. Traduisez les phrases suivantes *en anglais*.

1. Je veux que vous m'aidiez !
2. J'ai vraiment besoin de votre aide.
3. Ne bougez pas !
4. Je répète : vous ne devez pas bouger.
5. Je suis contente que vous soyez sage !

Anglais → français

A. Mots et expressions. Traduisez les mots et les expressions suivantes *en français*.

1. the bravest warrior
2. the kindest woman
3. the most uptight man
4. a strange woman
5. a funny story
6. to want to help
7. to be able to help
8. to be obliged to help
9. to need to help
10. to feeling like helping

Cinéphile   **Les Visiteurs**

B. Phrases. Traduisez les phrases suivantes *en français*.

1. He is the bravest man in the story. _____
2. He and his fiancée love each other. _____
3. He meets some strange people. _____
4. They want to help the man. _____
5. He is happy that they want to help him. _____

C. Couloir du temps. Jacquouille écrit une lettre à Godefroy. Traduisez-le *en français*.

> Dear Godefroy,
> I know that you are the bravest warrior in our kingdom and I am your poor servant. It is necessary that I go with you in the hall of time but I cannot. I must stay in the 20th century with Ginette, the most beautiful woman in the world, because we are going to get married. So, I am sending my descendant Jacquart. He is going to wake up in the 12th century and he is not going to be happy to have made this trip. Be nice to him! I hope that we will see each other in the future! Your faithful servant, Jacquouille

Photo

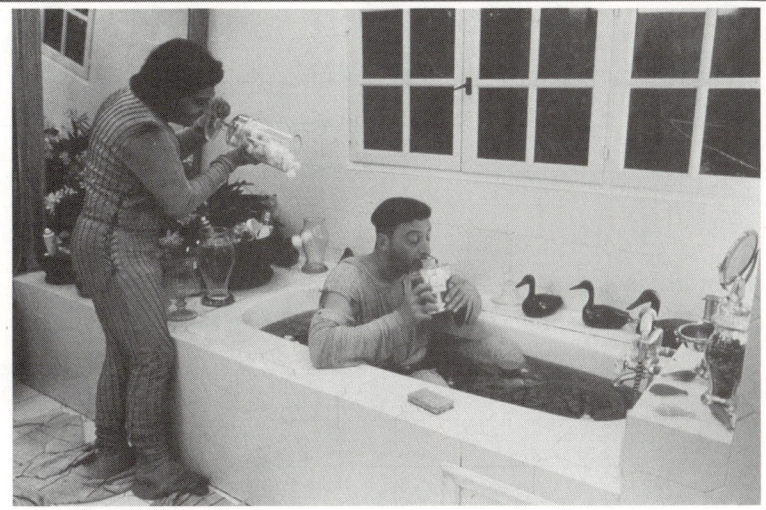

A. Détails. Regardez l'image et cochez les bonnes réponses.

1. Situation dans le film : □ début   □ milieu   □ fin   □ autre
2. Epoque : □ 12e siècle   □ 20e siècle   □ autre
3. Lieu : □ la campagne   □ ville   □ autre
   □ le château   □ la maison   □ autre
   □ le cabinet de toilette   □ la salle à manger   □ la salle de bains
4. Personnages : _____
5. Titre : _____

B. En général. Répondez aux questions suivantes. Ecrivez deux ou trois phrases.

1. Qu'est-ce qui se passe ? Faites une petite description de la photo.
   _____
   _____

2. Le personnage à gauche a l'air _____ parce qu'il...
   _____
   _____

3. Le personnage à droite a l'air _____ parce qu'il...
   _____
   _____

Cinéphile   Les Visiteurs

4. Comment est la salle de bain ?

5. Qu'est-ce qui est bizarre dans cette scène ? Pourquoi ?

C. **Aller plus loin.** Ecrivez un paragraphe pour répondre aux questions suivantes.
1. *Scènes.* Qu'est-ce qui se passe avant cette scène ? Pendant la scène ? Après la scène ?

2. *Malentendus.* Quel est le malentendu ? Est-ce que ce malentendu est représentatif d'autres malentendus du film ? Expliquez.

3. *Pensées.* A quoi est-ce que les personnages pensent ? Expliquez.

Le personnage à gauche

Le personnage à droite

4. *Chez vous.* Imaginez que cette scène se passe chez vous. Comment est-ce que vous réagissez ?
___
___
___
___
___

5. Est-ce que cette scène est une scène importante du film ? Expliquez.
___
___
___
___
___

Jeux

A. *Catastrophe !* Les terminaisons de ces adjectifs sont mélangées. Récrivez les adjectifs avec les bonnes terminaisons.

1. agressique _____
2. costien _____
3. tendeau _____
4. superficif _____
5. genteau _____

6. matérialique _____
7. nouveux _____
8. mauvien _____
9. agaciel _____
10. bizon _____

B. *Mots cachés.* Trouvez les mots cachés ! Indice : Les mots se trouvent dans tous les sens.

Mots à trouver...
BCBG
BIZARRE
CATASTROPHE
CHATEAU
CHEVALIER
CLOCHARDE
DENTISTE
DESCENDANT
DINGUE
FACTEUR
MAGICIEN
OKAY
PRETRE
RICHE
ROI
SNOB
SORCIERE
TENDU
TOILETTE
VISITEURS

S	D	A	R	N	I	V	I	E	A	U	D	N	E	T
C	E	E	S	T	O	I	L	E	T	T	E	U	M	I
A	H	L	S	F	E	R	T	E	R	P	D	I	E	R
T	C	A	U	C	H	E	V	A	L	I	E	R	T	S
A	I	E	R	A	E	C	L	B	O	E	N	O	C	H
S	R	S	I	F	C	N	A	C	O	R	T	S	V	C
T	O	O	K	Y	A	E	D	I	E	N	I	I	A	L
R	I	R	O	C	L	C	R	A	D	I	S	N	L	O
O	B	C	B	G	K	Y	T	E	N	I	T	N	O	C
P	D	I	N	G	U	E	R	E	T	T	E	C	I	H
H	I	E	Y	E	A	U	H	E	U	D	N	T	E	A
E	R	R	A	Z	I	B	U	I	O	R	T	E	I	R
S	H	E	K	R	E	R	T	O	L	E	T	T	S	D
N	S	N	O	E	S	E	U	A	E	T	A	H	C	E
R	I	O	N	E	I	C	I	G	A	M	S	U	E	R

Cinéphile   Les Visiteurs

C. *Qui dit ça ?* Choisissez les personnages qui énoncent les expressions suivantes.

1.	C'est dingue !	Béatrice	Jacquouille	Godefroy
2.	C'est une catastrophe !	Godefroy	Jean-Pierre	Eusaebius
3.	C'est okay !	Jacquouille	Ginette	M. Bernay
4.	Qu'est-ce que c'est ce Binz ?	Jacquart	Jacquouille	Jean-Pierre
5.	Montjoie ! Saint-Denis !	Jean-Pierre	Godefroy	le maréchal
6.	Maman, il y a des clochards dans le salon !	l'enfant	les clochards	les policiers
7.	Que trépasse si je faiblis !	Eusaeubius	Jacquouille	Godefroy
8.	Jour-nuit-jour-nuit-jour-nuit... !	Jacquart	Jacquouille	les enfants
9.	Ciao-ao !	Ginette	Jacquouille	Béatrice
10.	Il pue des pieds, c'est une infection !	Jacquart	Ginette	Jean-Pierre
11.	Jean-Pierre ! Tu deviens parano... !	Béatrice	Jacquouille	Jean-Pierre
12.	Qu'est-ce donc cette diablerie ?	Jacquart	Jacquouille	Godefroy
13.	Vive la Révolution !	Ginette	Jacquouille	Béatrice
14.	Je viens simplement de très très loin.	Ginette	Godefroy	Bernay
15.	J'ai vu une grosse bête !	Béatrice	Frénégonde	Godefroy

D. *Scènes.* Réinventez les scènes suivantes ! Utilisez les expressions de l'exercice C pour écrire votre dialogue. Jouez le dialogue pour vos camarades de classe.

1. Les *Visiteurs* arrivent au 20e siècle.
2. Les enfants de Béatrice voient les *Visiteurs*. Ils ont peur.
3. Jacquouille découvre l'électricité.
4. Jacquouille découvre les droits de l'homme.
5. Jean-Pierre conduit les *Visiteurs* au château. Ils ne sentent pas bons !

Culture

A. *Langage.* C'est de l'argot ? Cochez les mots et les expressions du langage familier du film. Remplacez les mots soulignés avec des expressions familières du film.

1. C'est **étrange** ! Je roule dans cette **voiture** et j'ai mal au cœur. J'ai aussi **très peur** !
   _____

2. **Il n'y a pas de problème** ? Je ne suis pas d'accord. Ça fait **très** mal !
   _____

3. Le **propriétaire** est un peu **hystérique** mais il est vrai que ça **sent mauvais** ! C'est **drôle** !
   _____

B. *20ᵉ siècle.* Godefroy et Jacquouille remarquent beaucoup de différences entre le 12ᵉ et le 20ᵉ siècles. Citez quelques exemples des différences pour chaque rubrique.

1. l'environnement : _____
2. la technologie : _____
3. les transports : _____
4. le confort moderne : _____
5. la musique : _____
6. la nourriture : _____
7. la mode : _____
8. les classes sociales : _____

C. *Vrai ou faux ?* Lisez les phrases suivantes et déterminez si elles sont vraies ou fausses. Expliquez votre choix.

1. vrai   faux   *Les Visiteurs* est un film qui représente bien la culture française contemporaine.
2. vrai   faux   Le film représente bien la culture française du Moyen Age.
3. vrai   faux   Le film montre certains aspects de l'histoire de France.
4. vrai   faux   Les personnages représentent bien certaines classes sociales françaises.
5. vrai   faux   Les personnages ne sont pas du tout stéréotypés.
6. vrai   faux   Le film utilise un langage contemporain et à la mode.
7. vrai   faux   Le film a influencé le langage contemporain des années 90.
8. vrai   faux   Les modes des années 90 sont mal représentées dans le film.
9. vrai   faux   Les modes du Moyen Age sont mal représentées dans le film.
10. vrai faux   Le film a une valeur culturelle.

Composition

20e siècle. Vous êtes Jacquouille et vous vous trouvez au 20ᵉ siècle avec Godefroy. Comment est le 20ᵉ siècle ? Que ferez-vous au 20ᵉ siècle ? Pourquoi ne voulez-vous pas retourner au 12ᵉ siècle avec Godefroy ? Serez-vous plus content au 20ᵉ siècle ? Ecrivez un paragraphe pour résumer vos impressions et vos réactions au 20ᵉ siècle.

Avant d'écrire :	Faites une liste du vocabulaire et des structures grammaticales que vous allez utiliser dans votre composition.
	Faites un plan avec une introduction, des idées principales et une conclusion.
Ecrivez :	Suivez votre plan et utilisez le manuel pour vérifier le vocabulaire et la grammaire.
	Evitez les répétitions : cherchez des synonymes et variez la longueur des phrases.
Après avoir écrit :	Relisez votre composition : cherchez les fautes d'orthographes et vérifiez les accents.
	Est-ce que le contenu est bon (une bonne variété de vocabulaire et de structures grammaticales) ?
	Est-ce que le contenu est présenté de manière logique ?
	Est-ce que le paragraphe est original et intéressant ?

Cinéphile

Les Visiteurs

Chapitre 5

Exercices de vocabulaire

A. *Qu'est-ce que c'est ?* Complétez les phrases suivantes avec *le vocabulaire* ci-dessous.

Vocabulaire				
un amoureux	un compagnon	une fusion	une harmonie	un petit copain
un camarade	un copain	un groupement	un logement	une résidence
une camaraderie	un ensemble	une habitation	un petit ami	une solidarité

1. Un ami peut être… _____

2. Un amant peut être… _____

3. Une amitié peut être… _____

4. Un appartement est… _____

5. Une union est… _____

B. *Etudes.* Complétez les phrases suivantes avec *le vocabulaire* à droite.

1. Un élève décide d'aller _____.

2. Il réussit _____.

3. Il remplit _____ d'inscription et il envoie _____ à l'université.

4. Il est _____ à l'université.

5. Il choisit _____. Il _____ ces cours.

6. Il paie _____.

7. Il trouve _____. Il paie _____.

8. Il _____ aux cours et il _____ des examens.

9. Il _____ ses examens et il obtient _____.

10. Il prépare _____ et il cherche _____.

Vocabulaire
à l'université
admis
assiste
le baccalauréat
des cours
des demandes
des frais d'inscription
passe
réussit
s'inscrit à
son CV
son diplôme
son dossier
son loyer
un logement
un travail

Cinéphile — **L'Auberge espagnole**

C. Chronologie. Mettez les phrases suivantes en ordre chronologique.

_____ Après, l'étudiant part pour un pays étranger.

_____ Ensuite, les colocataires deviennent de très bons amis.

_____ L'étudiant se renseigne donc sur les programmes universitaires à l'étranger.

_____ D'abord, l'étudiant a rendez-vous avec un fonctionnaire.

_____ Il y rencontre d'autres jeunes étudiants et ils décident de louer un appartement.

_____ Le fonctionnaire dit à l'étudiant qu'il faut parler une langue étrangère.

_____ Finalement, l'étudiant rentre dans son pays.

_____ Un an après, les colocataires sont tristes. C'est la fin de leur séjour à l'étranger.

Après avoir visionné

Compréhension générale

A. Chronologie. Mettez les phrases suivantes en ordre chronologique.

_____ Au début de son séjour, il a eu du mal à comprendre l'espagnol et à trouver un logement.

_____ Après, il s'est renseigné sur le programme Erasmus.

_____ Il a enfin trouvé un appartement avec des colocataires sympas.

_____ Finalement, il a dû quitter Barcelone et il est rentré en France.

_____ Les colocataires sont devenus amis et petit à petit Xavier a maîtrisé la langue espagnole.

_____ Puis, il a quitté la France et il est arrivé à Barcelone.

_____ D'abord, Xavier a eu rendez-vous avec Jean-Charles Perrin.

B. Personnages. Reliez les descriptions à droite avec *les personnages* à gauche.

_____ 1. Xavier   A. C'est une hippie farfelue.

_____ 2. la mère de Xavier   B. C'est le propriétaire de « l'auberge espagnole ».

_____ 3. le père de Xavier   C. C'est une femme qui n'accepte plus la vie de Xavier.

_____ 4. Jean-Charles Perrin   D. C'est une femme timide, réservée et coincée.

_____ 5. Martine   E. C'est un jeune homme optimiste et enthousiaste.

_____ 6. Jean-Michel   F. C'est un fonctionnaire au Ministère des finances.

_____ 7. Anne-Sophie   G. C'est un jeune homme borné et intolérant.

_____ 8. Bruce   H. C'est un guitariste cool et décontracté.

_____ 9. William   I. C'est un ami de Jean-Charles Perrin.

_____ 10. M. Cucurull   J. C'est un neurologue sympa mais dominateur.

C. Nationalités. Indiquez les personnages qui représentent les nationalités suivantes.

1. Américain _____

2. Anglais _____

3. Belge _____

4. Danois _____

5. Espagnol _____

6. Français _____

D. Critiques. Vous êtes critique de films et vous critiquez le film *L'Auberge espagnole*. Ecrivez une seule phrase pour donner une critique pour ou contre le film.

👍 👎   Un film ennuyeux qui traîne un peu trop !

👍 👎   C'est un film à voir avec un casting malin et une direction impeccable !

👍 👎   _____

👍 👎   _____

👍 👎   _____

👍 👎   _____

👍 👎   _____

E. Profil. Complétez le tableau suivant.

Profil de *L'Auberge espagnole*

Titre :

Genre :

Année de production :

Réalisateur :

Lieu de l'action :

3 événements principaux :
1.
2.
3.

5 mots clés :
1.
2.
3.
4.
5.

Sommaire (une phrase) :

Anecdote :

Exercices de vocabulaire

A. Personnages ! Utilisez **les adjectifs** suivants pour décrire les personnages du film.

Adjectifs					
borné	démonstratif	farfelu	intelligent	renfermé	tendre
calme	désordonné	fier	optimiste	sensible	tendu
coincé	dominateur	impulsif	ordonné	sérieux	triste
confiant	égoïste	indépendant	organisé	sociable	timide
décontracté	enthousiaste	insensible	ouvert	sympathique	

1. Xavier est un étudiant _____
2. La mère de Xavier est une femme _____
3. Martine est une jeune femme _____
4. Jean-Michel est un homme _____
5. Anne-Sophie est une jeune femme _____
6. Alessandro est un étudiant _____
7. Isabelle est une étudiante _____
8. Lars est un étudiant _____
9. Soledad est une étudiante _____
10. Tobias est un étudiant _____
11. Wendy est une étudiante _____
12. William est un jeune homme _____

B. Qu'est-ce que c'est ? Xavier aide ses colocataires à apprendre le français. Il leur donne des définitions des mots suivants. Reliez ses explications avec **le vocabulaire** ci-dessous.

Vocabulaire			
une auberge (espagnole)	la bureaucratie	des études à l'étranger	une langue étrangère
le bac	la découverte	la fac (la faculté)	une union
un boulot	les études supérieures		

1. _____ C'est tout ce qui complique les choses et tout ce qu'il faut faire et refaire : des tas de formulaires à remplir, des tas de gens avec qui il faut parler, etc. C'est en général beaucoup de travail inutile.

2. _____ On va au lycée et à la fin des études, on passe cet examen difficile. Quand on l'a, on peut faire des études supérieures.

3. _____ C'est un mot qui veut dire l'université.

Cinéphile   L'Auberge espagnole

4. _____ C'est ce que je fais ici à Barcelone. J'allais à la fac en France mais je voulais quitter la France pour étudier à Barcelone, pour perfectionner mon espagnol et pour apprendre la culture espagnole.

5. _____ Après avoir réussi le bac, on peut continuer à faire des études pour obtenir un diplôme.

6. _____ Je parle espagnol. C'est la deuxième langue que je parle.

7. _____ C'est une maison où les voyageurs peuvent s'héberger. Selon le film, c'est l'endroit où l'on y trouve ce qu'on y apporte.

8. _____ C'est un mot familier. Après avoir fait des études supérieures, on est supposé être adulte. On doit se lever tôt, on doit aller au bureau, on doit gagner de l'argent.

9. _____ C'est ce que nous avons ici : on a une sorte d'harmonie, on se comprend, on s'entraide, on se soutient, on travaille pour créer une meilleure vie ensemble. C'est un peu comme l'Europe.

10. _____ C'est l'action d'avoir trouvé quelque chose d'inconnu ou quelque chose qui était caché ou même ignoré. Par exemple, pendant mon séjour, j'ai appris que je ne veux pas être fonctionnaire !

Grammaire

5.1 – Le passé composé

A. Participes passés. Donnez *les participes passés* qui correspondent aux infinitifs suivants.

1. asseoir	_____	9. écrire	_____	17. revenir	_____
2. atteindre	_____	10. être	_____	18. savoir	_____
3. attendre	_____	11. faire	_____	19. sourire	_____
4. avoir	_____	12. finir	_____	20. traduire	_____
5. boire	_____	13. lire	_____	21. venir	_____
6. comprendre	_____	14. mourir	_____	22. visiter	_____
7. connaître	_____	15. naître	_____	23. vivre	_____
8. découvrir	_____	16. rendre	_____	24. vouloir	_____

B. Avoir ou être ? Déterminez s'il faut le verbe auxiliaire *avoir* ou le verbe auxiliaire *être*. Ajoutez l'accord si cela est nécessaire.

1. Nous _____ reçu ____ le message de Mathilde.
2. Elle _____ parti ____ de chez elle hier et elle _____ arrivé ____ à l'aéroport ce matin.
3. Les garçons _____ allé ____ la chercher.
4. Ils ne/n'_____ pas pu ____ la trouver. Elle _____ dû ____ prendre le métro.
5. Les garçons me/m'_____ téléphoné ____ et nous _____ décidé ____ de l'attendre à la sortie du métro.
6. Michel me/m' _____ demandé ____ : « Tu _____ bien compris ____ son message ? »
7. Je/j'_____ répondu ____ : « Oui ! Allons-y ! »
8. Nous _____ rentré ____ chez nous et la voilà !
9. Elle nous _____ expliqué ____ : « Je/j' _____ fait ____ la connaissance d'un bel homme à l'aéroport et nous _____ pris ____ un taxi ensemble. »
10. Mathilde _____ souri ____ : « J'ai des projets ce soir ! Et vous ? Que faites-vous ? »

C. Et après ? L'histoire de Mathilde continue. Complétez le paragraphe suivant avec *le passé composé* des verbes entre parenthèses. Attention à l'accord des participes passés !

Après son arrivée, Mathilde _____ (se préparer) avec soin. Elle _____ (prendre) une douche, elle _____ (choisir) une belle robe, elle la/l'_____ (mettre), elle _____ (se maquiller) et elle _____ (se brosser) les dents.

Cinéphile   L'Auberge espagnole

Elle _____ (sortir) le chien. Ils _____ (se promener) dans le quartier pendant vingt minutes et puis elle _____ (partir). Elle _____ (aller) au café. Elle _____ (voir) son nouvel ami mais il _____ (ne...pas/entrer) dans le café. Mathilde _____ (apercevoir) une belle femme. La femme _____ (embrasser) son ami ! Mathilde _____ (comprendre) tout de suite : il est marié ! Mathilde _____ (se lever) et elle _____ (quitter) le café rapidement. Elle _____ (ne...pas/rentrer) à l'appartement. La pauvre ! Où est-ce qu'elle _____ (aller) après ? On _____ (ne...jamais/savoir) !

D. *Qu'est-ce qui s'est passé ?* Une jeune étudiante tient un journal intime. Mettez son entrée du 23 mars *au passé composé*. Attention à l'accord des participes passés !

> le 23 mars
> Mon ami frappe à ma porte. Il m'invite à sortir avec nos colocataires. Je refuse mais il me persuade de sortir. Je sors avec eux. Nous nous promenons dans les rues vides. Nous trouvons des clubs intéressants et nous rencontrons d'autres jeunes étudiants. Nous nous amusons ensemble. Les clubs ferment. Nous rentrons chez nous très tard. Quelle belle nuit !

> le 23 mars
> _____
> _____
> _____
> _____
> _____
> _____

5.2 – L'imparfait

A. *Radicaux.* Donnez *les radicaux de l'imparfait* qui correspondent aux infinitifs suivants.

1. aller	_____	9. découvrir	_____	17. pouvoir	_____
2. asseoir	_____	10. devoir	_____	18. rendre	_____
3. atteindre	_____	11. écrire	_____	19. savoir	_____
4. attendre	_____	12. être	_____	20. sourire	_____
5. avoir	_____	13. faire	_____	21. traduire	_____
6. boire	_____	14. finir	_____	22. vivre	_____
7. comprendre	_____	15. lire	_____	23. venir	_____
8. connaître	_____	16. louer	_____	24. vouloir	_____

B. Le départ. Une étudiante décrit le jour où elle part pour aller à l'étranger. Mettez les verbes entre parenthèses à *l'imparfait*.

Il _____ (faire) beau ce jour-là et nous _____ (être) à l'aéroport avec les autres voyageurs qui _____ (dire) au revoir à leur famille et à leurs amis. Je/j'_____ (avoir) un peu peur mais je/j' _____ (être) prête à partir. Mes parents _____ (sourire) mais je _____ (savoir) qu'ils _____ (ne...pas/vouloir) me dire au revoir. Mon petit ami me _____ (tenir) dans ses bras, nous _____ (pleurer) et je _____ (se sentir) incapable de le lâcher. Nous _____ (ne...pas/pouvoir) pas nous dire au revoir. Je _____ (devoir) embarquer dans l'avion qui _____ (aller) décoller dans cinq minutes mais je _____ (ne...plus/vouloir) partir. Je _____ (savoir) peut-être que tout _____ (aller) changer entre nous.

C. Comment c'était ? Une étudiante écrit dans son journal. Mettez son entrée *à l'imparfait.*

le 23 mars

C'est samedi soir. Il est 10 heures. Il fait beau. Le ciel est clair et les étoiles brillent. Je suis dans ma chambre. Je peux entendre mes camarades. Ils font beaucoup de bruit, ils parlent très fort, ils rient beaucoup et ils s'amusent. J'ai beaucoup de travail à faire et je suis en train d'écrire dans mon journal. Je m'ennuie un peu, le bruit me dérange et j'ai du mal à me concentrer mais je veux travailler. Les autres vont sortir…

le 23 mars

_____
_____
_____
_____
_____
_____

5.3 – Le passé composé et l'imparfait

A. Quel temps ? Indiquez pourquoi il faut utiliser *le passé composé* ou *l'imparfait* dans les phrases suivantes.

L'emploi du passé composé et de l'imparfait	
Passé composé	**Imparfait**
1. l'action dans le passé	6. la description dans le passé
2. la durée est indiquée	7. l'action est habituelle ou répétée
3. un moment précis dans le passé	8. un moment indéterminé dans le passé
4. une action interrompt une autre action	9. une action est interrompue par une autre action
5. le changement d'une situation	10. la description d'une situation

_____ Hier le couple est parti pour aller à l'étranger.

_____ La femme n'était pas contente d'aller à l'étranger.

_____ Pourtant, elle avait l'habitude de voyager comme elle voyageait souvent auparavant.

_____ Elle cherchait sa place quand elle a vu le jeune homme qui pleurait.

_____ La femme s'est assise. L'avion a décollé et il a atterri sans problèmes.

_____ Le jeune homme attendait ses bagages.

_____ Il a regardé la femme trois fois.

_____ La femme avait toujours peur de parler aux gens, mais ce jour-là elle n'a pas eu peur.

_____ La femme et son mari sont sortis de l'aéroport avec le jeune homme.

_____ Le soleil brillait et il faisait beau.

_____ La femme savait que sa vie allait changer…

B. A l'étranger. Mettez les verbes entre parenthèses *au passé composé* ou *à l'imparfait* pour raconter l'histoire d'un étudiant. Attention à l'accord des participes passés !

Autrefois l'étudiant _____ (passer) beaucoup de temps avec sa petite amie. Ils _____ (aller) aux musées, au cinéma, etc. ensemble. Elle _____ (parler) de sa vie et de ses rêves et il l'_____ avec patience. Ils _____ (rire), ils _____ (s'amuser) et ils _____ (s'aimer) beaucoup ! Un jour, l'étudiant _____ (décider) de faire ses études à l'étranger. Il _____ (s'inscrire) aux cours et il _____ (partir). Son amie _____ (être) triste mais il lui _____ (dire) qu'il _____ (aller) lui téléphoner tous les jours. Un mois plus tard, elle _____ (partir) pour lui rendre visite. Il _____ (aller) la chercher à l'aéroport. Il _____ (lire) un livre quand elle _____ (sortir) de l'aéroport. Elle _____ (observer) son petit ami de loin quand tout à coup, elle _____ (comprendre) que tout avait changé entre eux. Elle _____ (retourner) à l'aéroport, elle _____ (acheter) un billet de retour et elle _____ (rentrer) chez elle.

5.4 – Le plus-que-parfait

A. Formation. Mettez les verbes suivants au *plus-que-parfait*.

1. je : aller _____
2. tu : s'asseoir _____
3. il : avoir _____
4. nous : connaître _____
5. vous : découvrir _____
6. ils : écrire _____
7. je : rentrer _____
8. nous : faire _____
9. ils : se voir _____
10. il : lire _____

B. Si seulement. Complétez les regrets des étudiants avec *le plus-que-parfait* des verbes entre parenthèses.

1. Si seulement j'_____ (préparer) mon dossier avec soin !
2. Si seulement les professeurs nous _____ (expliquer) le processus !
3. Si seulement nous _____ (écouter) les conseils des autres étudiants !
4. Si seulement ma sœur _____ (venir) me rendre visite plus tôt !
5. Si seulement nous _____ (pouvoir) visiter d'autres universités !

C. Conseils. Complétez le paragraphe suivant avec *le passé composé, l'imparfait* ou *le plus-que-parfait* des verbes entre parenthèses selon le contexte.

Tiens Marc ! J'_____ (avoir) rendez-vous avec le prof dont tu m'_____ (parler). Il _____ (être) aussi sympa que tu m'_____ (dire). Il _____ (déjà, regarder) mon dossier et il _____ (déjà, préparer) quelques questions pour moi quand je _____ (arriver). Comme mes parents me l'_____ (recommander), je _____ (se préparer) avant le rendez-vous. J'_____ (être) content d'avoir eu de bons conseils ! J'espère que le prof m'embauchera !!

Cinéphile **L'Auberge espagnole**

5.5 – Les noms géographiques, Les pronoms y et en

A. *L'Union européenne.* Donnez *l'article défini* (si cela est nécessaire) qui correspond aux pays membres de l'Union européenne.

1. _____ Allemagne	10. _____ France	19. _____ Pays-Bas
2. _____ Autriche	11. _____ Grèce	20. _____ Pologne
3. _____ Belgique	12. _____ Hongrie	21. _____ Portugal
4. _____ Bulgarie	13. _____ Irlande	22. _____ République tchèque
5. _____ Chypre	14. _____ Italie	23. _____ Royaume-Uni
6. _____ Danemark	15. _____ Lettonie	24. _____ Roumanie
7. _____ Espagne	16. _____ Lituanie	25. _____ Slovaquie
8. _____ Estonie	17. _____ Luxembourg	26. _____ Slovénie
9. _____ Finlande	18. _____ Malte	27. _____ Suède

B. *On parle français !* Donnez *les prépositions* (si cela est nécessaire) qui correspondent aux noms géographiques suivants.

On parle français _____ Europe : _____ Paris (_____ France), _____ Bruxelles (_____ Belgique) et _____ Genève (_____ Suisse). On parle français aussi _____ Afrique : _____ Alger (_____ Algérie), _____ Tunis (_____ Tunisie), _____ Rabat (_____ Maroc), etc. On parle français même _____ Amérique : _____ Etats-Unis (_____ Nouvelle-Orléans - _____ Louisiane, _____ Vermont, etc.) et _____ Canada (_____ Montréal - _____ Québec, etc.). On trouve aussi des gens qui parlent français _____ Asie : _____ Hanoï (_____ Viêt-Nam), _____ Phnom-Penh (_____ Cambodge), etc. Il y a finalement des gens qui parlent français _____ Océanie : _____ Port-Vila (_____ Vanuatu). On parle français partout dans le monde !

C. *D'où sont-ils ?* Donnez *les prépositions* ou *les contractions* qui correspondent aux noms géographiques.

1. Les étudiants sont français ; ils sont _____ Havre (_____ France / _____ Europe).
2. Les professeurs sont danois ; ils sont _____ Copenhague (_____ Danemark / _____ Europe).
3. Nous sommes américains ; nous sommes _____ Nouvelle Orléans (_____ Louisiane / _____ Etats-Unis / _____ Amérique).
4. Nos amis sont québécois ; ils sont _____ Montréal (_____ Québec / _____ Canada / _____ Amérique).
5. Vous êtes chinois ; vous êtes _____ Beijing (_____ Chine / _____ Asie).
6. Vos amis sont marocains ; ils sont _____ Rabat (_____ Maroc / _____ Afrique).
7. Les garçons sont haïtiens ; ils sont _____ Port-au-Prince (_____ Haïti / _____ Amérique).
8. Les filles sont égyptiennes ; elles sont _____ Caire (_____ Egypte / _____ Afrique).
9. Leurs amis sont brésiliens ; ils sont _____ Brasilia (_____ Brésil / _____ Amérique).
10. Leurs amies sont australiennes ; elles sont _____ Canberra (_____ Australie / _____ Océanie).

D. Géographie. Complétez les phrases suivantes avec les villes, les pays, les continents, les langues et les nationalités qui conviennent. Ajoutez *les articles* et *les prépositions* nécessaires.

Modèle : Les Français sont de France. La France se trouve en Europe. Paris est la capitale. Les Français parlent français à Paris et en France.

Continents	Pays/Iles	Capitales	Nationalités	Langues
Afrique	Allemagne	Berlin	Allemand	allemand
Amérique	Angleterre	Beyrouth	Américain	anglais
Asie	Canada	Caire	Anglais	arabe
Europe	Danemark	Copenhague	Canadien	bichelamar
Océanie	Egypte	Hanoï	Danois	créole
	Etats-Unis	Libreville	Egyptien	danois
	Gabon	Londres	Gabonais	français
	Haïti	Ottawa	Haïtien	vietnamien
	Liban	Port-au-Prince	Libanais	
	Vanuatu	Port-Vila	Vanuatuan	
	Viêt-Nam	Washington D.C.	Vietnamien	

1. Les Américains sont _____. _____ se trouvent _____. _____ est la capitale. Les _____ parlent _____ _____ et _____.

2. Les Anglais sont _____. _____ se trouve _____. _____ est la capitale. Les _____ parlent _____ _____ et _____.

3. Les Danois sont _____. _____ se trouve _____. _____ est la capitale. Les _____ parlent _____ _____ et _____.

4. Les Egyptiens sont _____. _____ se trouve _____. _____ est la capitale. Les _____ parlent _____ _____ et _____. (On y parle aussi anglais et français !)

5. Les Gabonais sont _____. _____ se trouve _____. _____ est la capitale. Les _____ parlent _____ _____ et _____.

6. Les Haïtiens sont _____. _____ se trouve _____. _____ est la capitale. Les _____ parlent _____ _____ et _____. (Le français y est aussi une langue officielle !)

7. Les Libanais sont _____. _____ se trouve _____. _____ est la capitale. Les _____ parlent _____ _____ et _____. (On y parle aussi anglais, arménien et français !)

8. Les Québécois sont _____. _____ se trouve _____. _____ est la capitale. Les _____ parlent _____ _____ et _____, mais les Québécois parlent français et anglais.

9. Les Vanuatuans sont _____. _____ se trouve _____. _____ est la capitale. Les _____ parlent _____ _____ et _____. (Les deux autres langues officielles sont l'anglais et le français.)

10. Les Vietnamiens sont _____. _____ se trouve _____. _____ est la capitale. Les _____ parlent _____ _____ et _____. (Il y a aussi des gens qui y parlent français).

E. **Tour de monde.** Votre amie adore voyager ! Elle répond à vos questions sur ses voyages passés et futurs avec *le pronom y*.

1. Tu es allé en Espagne ? Oui ! _____
2. Ton frère et toi êtes allés au Mexique ? Non. _____
3. Il va aller aux Pays-Bas, n'est-ce pas ? Oui ! _____
4. Ta famille va aller en Afrique cet été ? Non. _____
5. Ah oui ! Vous venez de voyager au Maroc ? Oui ! _____
6. Tu as passé du temps à St-Pierre et Miquelon ? Oui ! _____
7. Je peux aller aux Bermudes avec toi ? Oui ! _____
8. Tu veux aller aussi en Italie ? Non. _____
9. Ah bon ? Tu as déjà voyagé en Italie ? Oui ! _____
10. Tu as envie d'aller à Paris quand même ? Oui ! _____

F. **Grande fête.** Votre petit ami vous pose des questions sur l'arrivée de vos amis à une grande fête. Répondez à ses questions. Utilisez *le pronom en*.

1. Nicole est venue d'Italie ? Oui ! _____
2. Marc est venu du Danemark ? Non. _____
3. Ah…c'est vrai. Marc va partir des Pays-Bas ? Oui ! _____
4. Nathalie vient de partir d'Angleterre ? Oui ! _____
5. Alex part de New York ? Non. _____
6. Alex va partir de Washington D.C. avec Mike ? Oui ! _____
7. Alice est partie du Mexique ? Non. _____
8. Ah… oui ! Elle doit partir de Californie. Oui ! _____
9. Thomas vient du Caire avec son amie ? Non. _____
10. Et toi ? Tu vas venir de Barcelone ? Oui ! _____

G. Portable. Marguerite répond à son portable. Elle a une mauvaise connexion et il faut tout répéter. Complétez sa conversation avec **le pronom y** ou **en** selon le contexte.

Allô ? Ah oui … bonjour. A l'appartement ? Ben oui ! Je/j'_____ suis évidemment.

Comment ? De la fac ? Oui, oui, oui. Fred _____ vient.

A la bibli ? Oui, il va _____ passer avant de rentrer.

Moi ? En France ? Euh … non, je ne peux pas _____ aller.

De France ? Tu sais que je/j' _____ suis.

Mes parents … en France ? Oui … ils _____ habitent toujours.

A la fac ? Tu le sais déjà … je/j'_____ suis étudiante et oui je/j'_____ étais ce matin et je/j'_____ vais cet après-midi.

Comment ? De Belgique ? Tu vas _____ partir demain ?

Ici … à Rome ? Tu vas _____ venir demain ?

Qu'est-ce qu'il y a ? Rien ! Ben … voilà Fred ! Je te le passe ….

Marguerite fait signe à Fred que sa copine va venir à Rome le lendemain. Ça va être un peu compliqué car sa copine américaine va aussi _____ venir le lendemain !

Traduction

Français → anglais

A. Mots et expressions. Traduisez les mots et les expressions suivantes **en anglais**.

1. l'union _____
2. l'amitié _____
3. les études supérieures _____
4. la fac _____
5. en France _____
6. de France _____
7. à Barcelone _____
8. les langues étrangères _____
9. les étrangers _____
10. les clichés/les stéréotypes _____

B. Phrases. Traduisez les phrases suivantes **en anglais**.

1. Ce film montre les amitiés des jeunes gens. _____
2. Ils font des études supérieures. _____
3. Ils vont à la fac à Barcelone. _____
4. Ils y rencontrent beaucoup d'étrangers. _____
5. Le film montre aussi plusieurs clichés. _____

Anglais → français

A. Mots et expressions. Traduisez les mots et les expressions suivantes **en français**.

1. the professor _____
2. the student _____
3. the roommate _____
4. the owner _____
5. the girlfriend _____
6. the boyfriend _____
7. the university _____
8. the exchange program _____
9. the foreign country _____
10. the stay/the trip _____

B. Phrases. Traduisez les phrases suivantes **en français**.

1. We discussed my future. _____
2. I did see the brochure. _____
3. I do want to go abroad. _____
4. My professor recommends Spain. _____
5. I have not gone there yet. _____

C. Message. Un étudiant écrit un mot à son ami. Traduisez-le **en français**.

> …The Spanish House is an interesting film. I saw the film with my roommates and we laughed a lot ! The film was as funny as one of our friends had told us. My roommates liked the plot of the film. A young man left his family and his girlfriend to go study abroad. He had some problems at the beginning of his stay but he managed. At the end of the film, he discovered what he wanted to do with his life. After the film, my roommates and I discussed the difficulties of students and roommates. We also discussed the European Union and the stereotypes of different nationalities. I recommend that you see this film….

Photo

A. **Détails.** Regardez l'image et choisissez les bonnes réponses.

1. Où se passe cette scène ?
   a. dans l'appartement de Martine
   b. dans l'appartement de Jean-Michel et d'Anne-Sophie
   c. dans « l'auberge espagnole »

2. Quand cette scène se passe-t-elle ?
   a. C'est une scène vers le début du film.
   b. C'est une scène vers le milieu du film.
   c. C'est une scène vers la fin du film.

3. Quel personnage n'est pas sur la photo ?
   a. William
   b. Bruce
   c. Tobias

4. Quel personnage est dans la scène mais pas sur la photo ?
   a. Bruce
   b. Alistair
   c. Martine

5. Qu'est-ce qui se passe après cette scène ?
   a. Wendy parle avec Alistair.
   b. Xavier parle avec Martine.
   c. Les colocataires parlent avec Bruce.

B. **Chronologie.** Mettez les phrases suivantes en ordre chronologique.

_____ D'abord, Alistair arrive à Barcelone et il appelle Wendy.
_____ Ensuite, Alistair arrive à l'appartement et il va dans la chambre de Wendy.
_____ Alessandro répond au téléphone et il apprend qu'Alistair est à Barcelone.
_____ Finalement, Wendy « arrive » et elle est contente de voir son petit ami.
_____ Après, Alessandro appelle les autres colocataires qui rentrent tout de suite chez eux.
_____ William grimpe le long du mur et il entre dans la chambre de Wendy.
_____ Wendy n'est pas là et Alistair l'attend dans le salon.

C. *En général.* Répondez aux questions suivantes. Ecrivez deux ou trois phrases.

1. Faites une description de la photo. Qu'est-ce qui se passe ?
   _____
   _____
   _____

2. Donnez un titre à la photo. Justifiez votre choix.
   _____
   _____
   _____

D. *Aller plus loin.* Ecrivez un paragraphe pour répondre aux questions suivantes.

1. Décrivez l'état de la salle de séjour. Qu'est-ce qui indique que les jeunes sont étudiants ?
   _____
   _____
   _____
   _____
   _____

2. En quoi cette scène est-elle représentative de la solidarité de l'Union européenne ?
   _____
   _____
   _____
   _____
   _____
   _____

Jeux

A. ***Expressions.*** Lisez les phrases suivantes et choisissez les réponses qui ont le même sens que les mots soulignés.
Notez bien que ces expressions sont familières et qui elles devraient être utilisées avec discrétion !

1. Xavier explique que sa mère dit toujours la vérité parce qu'elle est **baba**.

    a. Elle est hippie.
    b. Elle est enfantine.

2. Selon Xavier, le processus de poser sa candidature au programme Erasmus est un désordre **innommable** !

    a. Le processus est amusant !
    b. Le processus est compliqué et désorganisé !

3. Le dossier de Xavier est **paumé**. Ce n'est pas de sa faute !

    a. Le dossier est comme une pomme.
    b. Le dossier est perdu.

4. Martine et Xavier passent une soirée ensemble et Martine **flippe**.

    a. Elle est triste et déprimée.
    b. Elle s'amuse beaucoup.

5. Jean-Michel aime Barcelone. Il dit à Xavier « Tu vas **t'éclater** ! »

    a. Il pense que Xavier ne va pas aimer Barcelone.
    b. Il pense que Xavier va beaucoup s'amuser à Barcelone.

6. Selon Jean-Michel, la ville est **mortelle** ! C'est une ville de **fous furieux**.

    a. La ville provoque la mort. C'est une ville où beaucoup de gens sont malades.
    b. La ville est chouette. C'est une ville où beaucoup de gens aiment faire la fête.

7. Jean-Michel invite Xavier à s'héberger chez lui. C'est **vachement sympa** !
    a. Ce n'est pas une bonne idée.
    b. C'est très gentil de la part de Jean-Michel.

8. Xavier parle de l'amour avec Isabelle. Ils sont d'accord : c'est **la galère**.

    a. L'amour est pénible.
    b. L'amour est comme une galerie d'art.

B. Sketchs. Utilisez les mots et les expressions de l'exercice A pour créer un sketch basé sur une des situations suivantes. Développez votre dialogue et présentez le sketch à vos camarades de classe.

Sketch 1

Des étudiants posent leur candidature à un programme d'échange. Comment est le processus ?

Sketch 2

Un étudiant part étudier à l'étranger. Sa petite amie est triste. Qu'est-ce qui se passe ?

Sketch 3

Un jeune homme rencontre un autre jeune homme/une jeune femme qu'il n'aime pas. Qu'est-ce qui se passe ?

Sketch 4

Des étudiants voyagent ensemble. Ils arrivent dans une ville qu'ils ne connaissent pas. Qu'est-ce qui se passe ?

Sketch 5

Trois étudiants sortent ensemble et ils s'amusent beaucoup. Où vont-ils ? Que font-ils ?

C. Réinvention. Choisissez une des scènes suivantes. Regardez la scène plusieurs fois et développez un dialogue qui correspond à la scène. Présentez votre scène à vos camarades de classe.

Scène 1 : Interview !

Situation : 24 minutes 20 secondes
Personnages : *Xavier, Alessandro, Soledad, Wendy, Lars, Tobias*
Intérêt principal : *Les colocataires interviewent Xavier.*

Scène 2 : Paumé !

Situation : 39 minutes 30 secondes
Personnages : *Xavier, M. Cucurull, un acheteur éventuel, les autres colocataires*
Intérêt principal : *Le propriétaire veut expulser les colocataires.*

Scène 3 : Catastrophe !

Situation : 1 heure 44 minutes
Personnages : *Alessandro, Alistair, Xavier, Tobias, William, Soledad, Lars, Isabelle*
Intérêt principal : *Alistair arrive à Barcelone.*

Cinéphile   L'Auberge espagnole

Culture

A. Soucis. Donnez quelques exemples pour chaque question d'un étudiant qui part à l'étranger.

1. Où se nourrir ? _____
2. Comment se déplacer ? _____
3. Comment gagner de l'argent ? _____
4. Où se loger ? _____
5. Comment se soigner ? _____
6. Où pratiquer sa religion ? _____
7. Comment se distraire ? _____
8. Mes soucis ? _____

B. Définitions. Reliez *le vocabulaire* ci-dessous avec les définitions qui correspondent.

Vocabulaire				
le baccalauréat	le doctorat	l'étudiant	la licence	universitaire
le diplôme	les études	la fac	la maîtrise	l'université

1. _____ Le diplôme sanctionnant les études secondaires.
2. _____ L'action d'apprendre ou d'approfondir ses connaissances.
3. _____ La personne qui suit les cours d'une université.
4. _____ Un établissement d'enseignement supérieur.
5. _____ Une abréviation de faculté (un établissement d'enseignement supérieur).
6. _____ Ce qui est relatif à l'université ou aux études supérieures.
7. _____ Un acte officiel constatant la capacité d'une personne qui a passé des examens.
8. _____ Le diplôme universitaire obtenu en trois ans d'études après le bac.
9. _____ Le diplôme universitaire obtenu en quatre ans d'études après le bac.
10. _____ Le diplôme le plus élevé des études supérieures.

C. *Erasmus.* Donnez des renseignements sur le programme Erasmus :

1. Date de création : _____

2. Nombre d'établissements qui participent à Erasmus : _____

3. Nombre de pays qui participent à Erasmus : _____

4. Nombre d'enseignants qui participent à Erasmus : _____

5. Nombre d'étudiants qui ont participé à Erasmus depuis 1987 : _____

6. Citez quelques critères pour l'étudiant qui veut participer au programme :
   _____
   _____
   _____

7. Citez quelques avantages du programme :
   _____
   _____
   _____

8. Citez quelques avantages pour les enseignants :
   _____
   _____
   _____

9. Citez quelques buts du programme :
   _____
   _____
   _____

10. Aimeriez-vous participer à un programme comme Erasmus ? Pourquoi ou pourquoi pas ?
    _____
    _____
    _____

Composition

Et après? Wendy écrit une lettre à Xavier pour lui raconter ce qu'elle a fait après son départ. Comment se sentait-elle après son départ ? Qu'est-ce qu'elle a fait ? Où est-ce qu'elle est allée ? Ecrivez la lettre de Wendy. Faites très attention aux temps des verbes (le passé composé, l'imparfait, le plus-que-parfait) et les articles et les prépositions qui introduisent les noms géographiques.

Avant d'écrire :	Faites une liste du vocabulaire et des structures grammaticales que vous allez utiliser dans votre composition. Faites un plan avec une introduction, des idées principales et une conclusion.
Ecrivez :	Suivez votre plan et utilisez le manuel pour vérifier le vocabulaire et la grammaire. Evitez les répétitions : cherchez des synonymes et variez la longueur des phrases.
Après avoir écrit :	Relisez votre composition : cherchez les fautes d'orthographes et vérifiez les accents. Est-ce que le contenu est bon (une bonne variété de vocabulaire et de structures grammaticales) ? Est-ce que le contenu est présenté de manière logique ? Est-ce que la lettre est originale et intéressante ?

Chapitre 6

Exercices de vocabulaire

A. Secrétaire. Un employeur va embaucher un/e nouveau/nouvelle secrétaire. Quelles qualités et quelles compétences recherche-t-il ? Cochez les réponses logiques.

Qualités

- ☐ l'organisation
- ☐ l'impatience
- ☐ la discrétion
- ☐ le dynamisme
- ☐ la timidité

- ☐ la dépendance
- ☐ l'esprit d'analyse
- ☐ l'innovation
- ☐ la disponibilité
- ☐ la créativité

- ☐ la prise d'initiative
- ☐ la jalousie
- ☐ la diplomatie
- ☐ l'autonomie
- ☐ la paresse

Compétences

- ☐ la maîtrise du téléphone
- ☐ la maîtrise des techniques d'organisation
- ☐ la maîtrise des techniques de manipulation
- ☐ une bonne expression écrite/orale

- ☐ la maîtrise du traitement de texte/du tableur
- ☐ la maîtrise des techniques de gestion
- ☐ l'indifférence aux activités de service
- ☐ des capacités irrationnelles

B. Votrebureau.com. Vous développez un site web pour votre entreprise. Reliez le vocabulaire ci-dessous avec la rubrique logique.

vocabulaire

agrafeuse, bureau, cahier notes, calculatrice, carte mémoire, cartouche d'encre, CD/CD ROM, chaise, classeur, clavier, disquette, dossier, DVD/DVD-ROM, écran, enveloppe, étagère, imprimante, logiciel, machine à écrire, modem, moniteur, ordinateur, papier, photocopieur, répondeur, souris, table de bureau, télécopieur, téléphone, trombone

VOTRE BUREAU.COM

RECHERCHE [   ] utiliser les mots clés pour trouver un produit

MACHINES DE BUREAU   **ACCESSOIRES INFORMATIQUES**   **MEUBLES**

MATÉRIEL DE CONFÉRENCE   **PAPETERIE / CLASSEMENT**   **DIVERS**

ACCUEIL | PLAN DU SITE | CONTACTEZ-NOUS | PANIER

copyright © 2006 votrebureau.com - Powered by ecommerce

C. Chronologie. Mettez les phrases suivantes en ordre chronologique.

_____ Le candidat n'est pas qualifié pour le poste.

_____ Une secrétaire est débordée de travail.

_____ Bien que le candidat ne soit pas compétent, la secrétaire l'embauche.

_____ Un jeune homme pose sa candidature pour le poste.

_____ L'assistant arrive à apprendre à travailler au bureau et la secrétaire et lui deviennent amis.

_____ Son patron suggère qu'elle embauche un assistant.

_____ La secrétaire aide son nouvel assistant à faire son travail.

Après avoir visionné

Compréhension générale

A. Chronologie. Mettez les phrases suivantes en ordre chronologique.

_____ Carla aide Paul à déchiffrer le complot de Marchand.

_____ Carla trouve l'argent chez Marchand.

_____ Carla s'évanouit au bureau. Morel suggère qu'elle embauche un assistant.

_____ Carla demande à Paul de voler le dossier des Flérets.

_____ Carla et Paul réussissent à échapper avec l'argent de Marchand et des Carambo.

_____ Carla trouve un passeport et un billet d'avion chez Paul.

_____ Paul a un entretien d'embauche avec Carla.

_____ Carla apprend que Paul doit 70.000 francs à Marchand.

B. Personnages. Reliez les descriptions à droite avec **les personnages** à gauche.

_____ 1. Carla   A. C'est le contrôleur judiciaire de Paul.

_____ 2. Paul   B. C'est une copine de Carla.

_____ 3. Masson   C. C'est le frère de Richard.

_____ 4. Marchand   D. C'est la femme de Marchand.

_____ 5. Josie   E. C'est le patron de Carla.

_____ 6. Richard Carambo F. C'est la secrétaire à la Sédim.

_____ 7. Louis   G. C'est un collègue de Carla.

_____ 8. Keller   H. C'est le nouveau propriétaire de la boîte de nuit.

_____ 9. Morel   I. C'est un voyou.

_____ 10. Annie   J. C'est l'ancien détenu qui travaille à la Sédim.

C. Métiers. Indiquez les métiers des personnages du film.

1. Carla _____
2. Paul _____
3. Keller _____
4. Masson _____
5. Marchand _____
6. les Carambo _____

Cinéphile　　　　　　　　　　　　　　　　　　　　　　　　**Sur mes lèvres**

D. Profil. Complétez le tableau suivant.

Profil de *Sur mes lèvres*

Titre :

Genre :

Année de production :

Réalisateur :

Lieu d'action :

3 événements principaux :

    1.

    2.

    3.

5 mots clés :

    1.

    2.

    3.

    4.

    5.

Sommaire (une phrase) :

Anecdote :

Exercices de vocabulaire

A. Les personnages. Comment sont les personnages du film ? Utilisez **les adjectifs** suivants pour les décrire. Ajoutez vos propres adjectifs !

Adjectifs					
agressif	dangereux	fou	malhonnête	sensible	tendu
autoritaire	distant	gentil	organisé	sérieux	timide
bizarre	égoïste	impulsif	ouvert	sociable	triste
confiant	endurci	insensible	renfermé	stressé	violent

1. Carla _____
2. Paul _____
3. Masson _____
4. Morel _____
5. Keller _____
6. Marchand _____
7. les Carambo _____

B. Les métiers. Voilà quelques métiers présentés dans le film. Reliez **le métier** ci-dessous avec la définition qui convient.

Vocabulaire			
un assistant	un chef	un patron	un voleur
un barman	un directeur	un secrétaire	un voyou
un cadre	un employé		

1. _____ La personne chargée de s'occuper de la correspondance et des communications téléphoniques, de classer des documents, de préparer des dossiers, etc. dans une entreprise.

2. _____ La personne responsable d'aider ou d'assister quelqu'un à faire son travail.

3. _____ Une personne salariée qui travaille dans un bureau, une administration, un magasin, etc. sans les responsabilités d'un cadre.

4. _____ Une personne salariée qui a la fonction de direction, de conception ou de contrôle dans une entreprise.

5. _____ Le personne qui dirige ou qui est à la tête d'une entreprise.

6. _____ Une personne qui commande ou qui exerce une autorité ou une direction.

7. _____ Le chef d'une entreprise. C'est un employeur par rapport à ses employés.

8. _____ Un serveur de bar qui prépare des boissons et qui les sert au comptoir.

9. _____ Une personne qui prend quelque chose qui ne lui appartient pas.

10. _____ Une personne qui commet des crimes.

C. *L'hiérarchie.* Complétez les schémas ci-dessous avec les métiers des personnages du film.

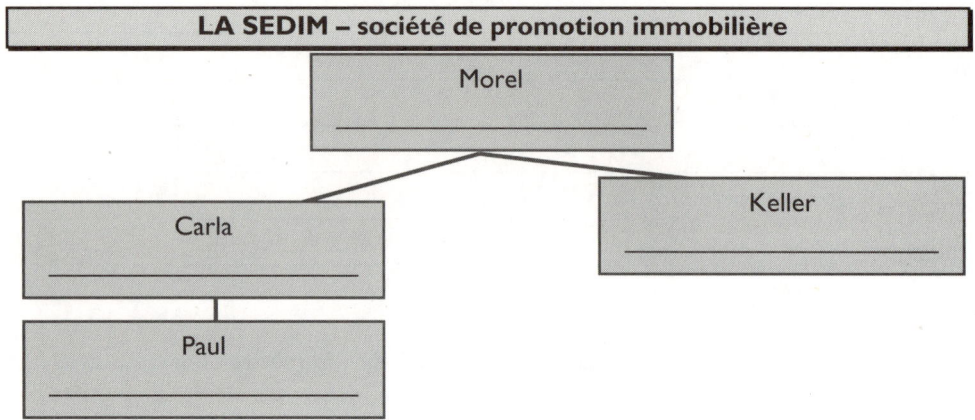

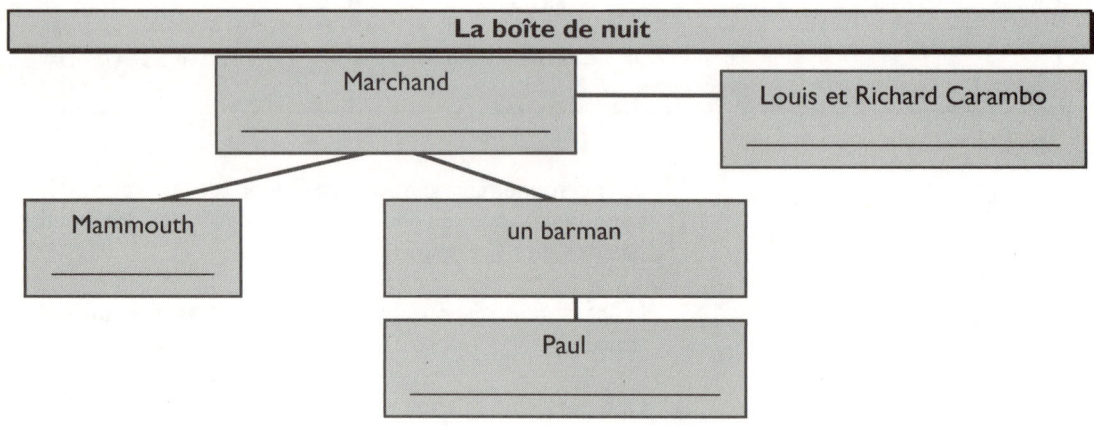

Grammaire

6.1 – Les prépositions avec certains verbes

A. *Prépositions.* Donnez *les prépositions* qui correspondent aux infinitifs suivants (si cela est nécessaire).

1. espérer _____
2. essayer _____
3. préférer _____
4. demander _____
5. réussir _____
6. décider _____
7. vouloir _____
8. dire _____
9. empêcher _____
10. aider _____
11. promettre _____
12. choisir _____
13. rêver _____
14. devoir _____
15. inviter _____

B. *Embauché !* Complétez le passage suivant avec *les prépositions* qui conviennent (si cela est nécessaire).

Carla est débordée de travail. Le directeur de la Sédim conseille _____ Carla _____ embaucher un assistant. Elle espère _____ engager un homme de 25 ans qui soit gentil.

Paul vient _____ sortir de prison. Il faut maintenant _____ chercher du travail. Paul vient _____ voir Carla au bureau.

Carla décide _____ embaucher Paul bien qu'il ne sache pas _____ travailler dans un bureau. Carla aide _____ Paul _____ apprendre _____ utiliser le photocopieur et les autres machines de bureau. Paul arrive _____ faire le travail qu'il doit _____ faire et personne ne sait que c'est un ancien détenu.

C. *Carla et Paul.* Ecrivez des phrases avec les éléments donnés. Faites les changements nécessaires et ajoutez *les prépositions* qui conviennent.

1. Carla / être / sourde / mais / ce / être / ne...pas / facile / voir
   _____

2. Ses collègues se moquent d'elle. Il / être / difficile / travailler / avec eux
   _____

3. Carla / être / donc / heureuse / embaucher / Paul
   _____

4. Paul / être / soulagé / avoir trouvé / un emploi
   _____

5. Tous les deux, ils / être / contents / travailler / ensemble
   _____

6.2 – Les pronoms disjoints

A. *Le travail.* Répondez aux questions suivantes. Utilisez **les pronoms disjoints**.

1. Est-ce que Paul peut faire son travail au bureau lui-même ?
   _____

2. Et Carla ?
   _____

3. Et ses collègues ?
   _____

4. Quand vous travaillez est-ce que vous pouvez faire votre travail vous-même ?
   _____

5. Et vos amis ?
   _____

6. Et vos amies ?
   _____

B. *Conversation rêvée.* Carla va voir Paul à la boîte de nuit. Elle se prépare et elle imagine sa conversation avec Paul. Complétez le dialogue suivant avec **les pronoms disjoints** logiques.

Paul :   Tiens ! C'est _____ ! Comment vas-tu ?

Carla : Oh _____ ? Je vais bien, merci. Et _____ Paul ? Comment vas-tu ?

Paul :   Bien. Tu sais que les femmes ici sont belles mais _____ tu es beaucoup plus belle qu'_____.

Carla : _____ ? Je suis plus belle ? Oh non, non, non.

Paul :   Si ! En fait, le barman et _____ parlions de _____. Et _____ aussi, il pense que tu es belle.

Carla : Oh… Regarde les hommes là-bas. Nous travaillons avec _____. Ils ne me reconnaissent pas !

Paul :   Ce sont bien _____. Ils ne te reconnaissent pas.

Carla : En fait, je pensais à _____. Tu sais bien qu'ils se moquent de _____.

Paul :   Oui. Je le sais. Mais ni _____ ni _____ ne pouvons changer ça.

Carla : Si ! _____, nous pouvons tout changer. J'ai quelques idées. Tu veux rentrer avec _____ ?

Paul :   Oui, bien sûr ! J'aimerais bien rentrer avec _____ ! Allons-y !

6.3 – Les pronoms compléments d'objets direct et indirect

A. Chef. Carla embauche Paul et elle lui dit ce qu'il faut faire au bureau. Transformez ses phrases en ordres. Utilisez *l'impératif* et *les pronoms compléments d'objet direct* qui conviennent.

    Modèle :   Vous allez poser **vos affaires** ici. → **Posez-les ici.**

1. Vous allez venir **me** chercher si vous avez des questions.
   _____

2. Vous allez poser **toutes vos questions** – même les questions idiotes !
   _____

3. Tenez – prenez **cette chemise**. Vous allez porter **la cravate** aussi.
   _____

4. Comme vous travaillez pour moi, vous allez ignorer **mes collègues**.
   _____

5. A midi, nous allons déjeuner. Vous allez utiliser **votre ticket restaurant**.
   _____

B. A Paul. Paul est le chef et Carla est l'assistante. Il lui explique ce qu'il faut faire. Transformez ses phrases en ordres. Utilisez *l'impératif* et *les pronoms compléments d'objet indirect* qui conviennent.

    Modèle :   Tu vas **m'**obéir. → **Obéis-moi.**

1. Ce soir, tu vas **me** parler de ce qui se passe là-bas.
   _____

2. Tu vas téléphoner **au barman** si les hommes partent.
   _____

3. Tu vas sourire **aux hommes** s'ils te voient.
   _____

4. Tu vas dire **aux hommes** que tu attends un ami s'ils te parlent.
   _____

5. Je reviens à 4h. Si je ne reviens pas, tu vas envoyer tes notes **à mon collègue**.
   _____

C. Quel pronom ? Indiquez si l'objet est *direct* (od) ou *indirect* (oi) et indiquez le pronom qu'il faut utiliser. Puis, récrivez la phrase avec *le pronom* qui convient.

    Modèle :   **od – le**   Le matin Carla met **ses appareils auditifs**.   **Le matin Carla les met.**

1. _____ Carla fait **sa toilette**. _____
2. _____ Carla étudie **son visage**. _____
3. _____ Au bureau, Carla téléphone **aux clients**. _____

Cinéphile   Sur mes lèvres

4. _____	Elle prépare **le dossier des Flérets**.	_____
5. _____	Elle regarde **ses magazines** à la cantine.	_____
6. _____	Carla observe **ses collègues**.	_____
7. _____	Ils ne parlent pas à **Carla**.	_____
8. _____	Carla rencontre **Paul**.	_____
9. _____	Elle ressemble à **Paul**.	_____
10. _____	Ils partagent **les mêmes qualités**.	_____

6.4 – Les pronoms y et en

A. *Le pronom y.* Répondez aux questions suivantes. Utilisez *le pronom y* dans votre réponse.

1. Est-ce que Carla travaille **dans une société de promotion immobilière** depuis longtemps ?

2. Est-ce que Carla aime travailler **à la Sédim** ?

3. Est-ce que Paul a déjà travaillé **dans un bureau** ?

4. Est-ce que Paul a invité Carla **à la boîte de nuit** pour s'amuser ?

5. Est-ce que Carla va trouver l'argent **dans le frigo** ?

B. *Le pronom en.* Répondez aux questions suivantes. Utilisez *le pronom en* dans votre réponse.

1. Est-ce que Carla a **beaucoup d'amis** au bureau ?

2. Est-ce que Carla voulait embaucher **un assistant** ?

3. Est-ce que Paul vient de sortir **de prison** ?

4. Est-ce que Paul a **besoin de travailler** ?

5. Est-ce que Paul va profiter **du fait que Carla lit sur les lèvres** ?

C. Complice. Complétez le paragraphe suivant avec *les pronoms* **y** ou **en** selon le contexte.

Carla pense au fait qu'elle n'est pas comme les autres femmes. Elle _____ pense tous les jours. Elle rêve d'être comme les autres femmes. Elle _____ rêve surtout quand elle rencontre Paul au bureau. Paul _____ vient parce qu'il a besoin de travailler. Il _____ a besoin parce qu'il vient de sortir de prison. Carla apprend qu'il vient d'_____ sortir et elle _____ profite. Un jour, un homme vient au bureau pour chercher Paul. Il _____ vient parce que Paul doit de l'argent à son patron. Après cela, Paul ne vient plus au bureau parce qu'il travaille dans la boîte de nuit de Marchand. Carla lui rend visite parce qu'elle veut qu'il travaille avec elle. Paul a des soucis mais Carla _____ a aussi ! Elle aide Paul parce qu'elle rêve de leur vie ensemble. Malheureusement, Paul n'_____ pense pas et il a des projets. Mais Carla n'est pas idiote et elle aussi, elle _____ a aussi quelques-uns !

6.5 – La place des pronoms

A. Espionnage. Paul emmène Carla sur le toit pour observer Marchand. Il lui dit ce qu'il ne faut pas faire. Faites les contrordres. Utilisez *l'impératif* et *les pronoms* qui conviennent.

Modèle : Tu ne vas pas **me** chercher **à la boîte**. _____

1. Tu ne vas pas **me** poser **de questions**. _____
2. Tu ne vas pas **t'en** aller avant 4 heures. _____
3. Tu ne vas pas laisser **tes affaires sur le toit**. _____
4. Tu ne vas pas parler **de ce que tu fais aux autres**. _____
5. Tu ne vas pas donner **l'argent aux Carambo**. _____

B. Sur le toit. Paul dit à Carla ce qu'il faut faire. Faites les ordres. Utilisez *l'impératif* et *les pronoms* qui conviennent.

Modèle : Tu vas **me** rendre **les dossiers**. _____

1. Tu vas expliquer **la situation à Morel**. _____
2. Tu vas **me** lire **tes notes** quand je t'appelle. _____
3. Tu vas **me** donner **des renseignements** plus tard. _____
4. Tu vas **te** servir **de ces jumelles** pour t'aider. _____
5. Tu vas **me** poser **les questions** maintenant. _____

C. La fin ! Indiquez quels pronoms il faut utiliser dans chaque question et répondez aux questions avec *les pronoms* qui conviennent.

Modèle : **en, lui**   Est-ce que Carla a parlé **de l'argent** **à Paul** ?
Oui, Carla lui en a parlé.

1. _____ Est-ce que Paul a donné **les clés de son studio** **à Carla** ?

2. _____ Est-ce que Carla a trouvé **un billet d'avion** **dans le tiroir du bureau** ?

3. _____ Est-ce que Carla a caché **le billet d'avion et le passeport** **dans son sac** ?

4. _____ Est-ce que Carla a parlé **de ses projets** **à Paul** ?

5. _____ Est-ce que Carla **s'**est cachée **dans le placard** ?

6. _____ Est-ce que Marchand a trouvé **Carla** **dans le placard** ?

7. _____ Est-ce que Marchand a essayé d'expliquer **la situation** **aux Carambo** ?

8. _____ Est-ce que Paul a posé **beaucoup de questions** **à Carla** ?

9. _____ Est-ce que Carla a montré **le billet d'avion et le passeport** **à Paul** ?

10. _____ Est-ce que Paul a expliqué **la vérité** **à Carla** ?

Traduction

Français → anglais

A. Mots et expressions. Traduisez les mots et les expressions suivantes **en anglais**.

1. le bureau _____
2. la société _____
3. l'entreprise _____
4. l'immobilier _____
5. le travail _____
6. le logement _____
7. la banque _____
8. un compte bancaire _____
9. l'argent _____
10. la carte de crédit _____

B. Phrases. Traduisez les phrases suivantes **en anglais**.

1. Je vais au bureau tous les jours. _____
2. J'ai un bon travail dans une bonne société. _____
3. On se spécialise dans la promotion immobilière. _____
4. J'aime beaucoup travailler dans l'immobilier. _____
5. Je m'intéresse surtout au logement urbain. _____

Anglais → français

A. Mots et expressions. Traduisez les mots et les expressions suivantes **en français**.

1. the classifieds _____
2. an apartment _____
3. an efficiency _____
4. a letter of intent _____
5. a job offer _____
6. a job interview _____
7. to try to do something _____
8. to want to do something _____
9. to be able to do something _____
10. to have to do something _____

B. Phrases. Traduisez les phrases suivantes *en français*.

1. They are helping me find work. _____
2. They recommend I prepare a CV. _____
3. I already wrote a letter of intent. _____
4. I hope to have a job interview. _____
5. I will soon look for an apartment. _____

C. Notes de Masson. Masson écrit une liste de tout ce qu'il faut dire à Paul. Traduisez sa liste *en français*.

Parole – my advice

1. The job search: It is necessary to go to the **ANPE** where someone can help you find work. I recommend that you fill out job applications and that you prepare a CV and a letter of intent.
2. The job interview: You must dress with care. One prefers you arrive on time. Try to be polite.
3. Money: You are going to want to open a bank account. I am going to give you some money to help you a little.
4. Housing: You want to look for an apartment right away. You can read the classifieds. It's better to rent an efficiency apartment because efficiencies are less expensive.
5. And after all that: You will have to come see me once a week for six months. You can call me if you have a problem…

Photo

A. Détails. Regardez l'image et choisissez les bonnes réponses.
1. Où est-ce que cette scène a lieu ?
   a. à la Sédim
   b. dans l'appartement de Carla
   c. dans la boîte de nuit de Marchand
2. Quand est-ce que cette scène a lieu ?
   a. Elle a lieu vers le début du film.
   b. Elle a lieu vers le milieu du film.
   c. Elle a lieu vers la fin du film.
3. Les deux personnages…
   a. discutent des deux hommes.
   b. s'amusent ensemble.
   c. parlent de la musique.

B. Chronologie. Mettez les phrases suivantes en ordre chronologique.

_____ Paul n'est pas content que Carla parle avec les deux hommes.
_____ Carla part avec les deux hommes.
_____ Carla va au comptoir pour commander des boissons.
_____ Carla lui explique que les deux hommes sont très sympas mais Paul n'est pas convaincu.
_____ D'abord, Paul observe Carla qui parle avec deux hommes.

C. En général. Répondez aux questions suivantes. Ecrivez deux ou trois phrases.

1. Faites une description de la photo. Qu'est-ce qui se passe ?
   _____
   _____
   _____

2. Donnez un titre à la photo. Justifiez votre choix.
   _____
   _____
   _____

Cinéphile **Sur mes lèvres**

D. Aller plus loin. Ecrivez un paragraphe pour répondre aux questions suivantes.

1. Décrivez la première fois que Carla sort en boîte de nuit et comparez-la à la scène sur la photo.

2. Comment est-ce que Paul réagit quand il voit Carla avec les deux hommes ? Est-ce qu'il est jaloux ?

Jeux

A. Langue. Carla apprend le langage familier. Lisez les phrases suivantes et choisissez les réponses qui ont le même sens que les mots soulignés.
Notez bien que ces expressions sont familières et qui elles devraient être utilisées avec discrétion !

1. Tu as fait deux ans de **taule** ?
   a. Oui je viens de quitter Taulé. Comme tu sais c'est un village qui se trouve en Bretagne.
   b. Oui, je viens de sortir de prison.

2. Tu étais **à Fleury** ?
   a. Oui, j'y étais parce que Fleury-Mérogis a un très bon centre musical et artistique.
   b. Oui, j'y étais parce que j'ai commis un vol aggravé !

3. C'est-à-dire que tu étais à **la Centrale** ?
   a. Oui, j'y étais – j'ai passé deux ans en prison.
   b. Oui, j'y ai travaillé. Ils ont un très bon site web avec des petites annonces de voitures d'occasion.

4. Tu es **ex-taulard** ?
   a. Oui, je suis ex-Breton.
   b. Oui, je suis un ancien détenu.

5. Tu dois 7 **plaques** à Marchand ?
   a. Oui, c'est-à-dire sept plaques de four – il veut faire des biscuits.
   b. Oui, une plaque vaut dix mille francs.

6. Tu dois 7 **briques** à Marchand ?
   a. Oui, parce qu'il va construire une maison.
   b. Oui, une brique vaut dix mille francs.

7. Tu lui dois 70.000 **balles** ?
   a. Oui je lui dois 70.000 francs.
   b. Oui, je lui dois 70.000 balles de tennis. C'est un grand tennisman.

8. Est-ce que j'ai **du fric** ?
   a. Oui, est-ce que tu as du courage ?
   b. Oui, est-ce que tu as de l'argent ?

9. Est-ce que tu as d'autres **fringues** ?
   a. Non, je n'ai pas d'autres vêtements.
   b. Non, je n'ai pas d'autres soucis.

10. Est-ce que tu penses que **les flics** nous cherchent ?
    a. Oui, je pense que les agents de police nous cherchent.
    b. Oui, je pense que les cinéastes nous cherchent.

Cinéphile — **Sur mes lèvres**

B. *Au téléphone.* Carla parle souvent au téléphone. Complétez ses deux conversations et jouez les scènes avec un/e camarade de classe. Utilisez le vocabulaire pour vous aider.

vocabulaire
Je voudrais parler à … s'il vous plaît/s'il te plaît. Je voudrais laisser un message.
Je suis… de… . Mon numéro de téléphone est le … .
Quand est-ce qu'il/elle sera là ? Le numéro de mon mobile est le … .
Je peux rappeler (Monsieur)… Merci Madame/Mademoiselle/Monsieur.
Pouvez-vous lui demander de rappeler (Monsieur)… ?

Conversation informelle	Conversation formelle
Allô ?	Sédim, bonjour.
…	…
C'est de la part de qui ?	Ne quittez pas.
…	…
Ah oui… ne quittez pas, je vous la passe…	Je regrette, il n'est pas là. Il est en réunion.
	…
Bonjour ?	Il sera là vers 15h. Est-ce que vous voulez lui laisser un message ?
…	…
C'est qui ? Ah oui ! J'entends très mal… en fait je n'entends rien.	Vous êtes Monsieur…
…	…
La ligne est mauvaise. Pourrais-tu répéter, s'il te plaît ?	Vous pouvez me laisser vos coordonnées ?
…	…
Je ne comprends pas. Pourrais-tu parler plus fort ?	C'est entendu. Je préviendrai Monsieur…
…	…
Je ne te suis pas. Pourrais-tu parler moins vite ?	Je vous en prie.
…	
Ce n'est pas la peine. Rappelle-moi plus tard. Salut.	

C. *Le boulot.* Carla apprend à Paul comment être assistant dans un bureau et Paul apprend à Carla comment être criminelle. Développez les dialogues de ces deux situations suivantes. Regardez les scènes pour vous inspirer ! Présentez votre scène à vos camarades de classe.

Scène 1 : Au bureau	
Situation	14 minutes 40 secondes
Personnages :	Carla et Paul
Lieu de l'action :	La Sédim - La société de promotion immobilière
Intérêt principal :	Carla montre le bureau à Paul et elle lui montre comment utiliser les machines de bureau, l'ordinateur, le téléphone, etc.

Scène 2 : Complot	
Situation :	59 minutes
Personnages :	Carla et Paul (Marchand et les frères Carambo)
Lieu de l'action :	Le toit d'un immeuble en face de l'appartement de Marchand
Intérêt principal :	Paul montre à Carla comment espionner et comment déchiffrer un complot.

Culture

A. Diplômé ! Qu'est-ce qu'il faut qu'un nouveau diplômé fasse pour commencer sa vie de travail ? Choisissez les étapes logiques.

____ trouver un logement
____ faire un stage
____ préparer un CV
____ jouer à des jeux vidéos
____ chercher un emploi
____ trouver des offres d'emploi intéressantes

____ sortir avec ses amis
____ acheter une garde-robe professionnelle
____ ouvrir un compte bancaire
____ envoyer son CV aux employeurs potentiels
____ poster son CV sur Internet
____ regarder la télé

B. Sigles. Reliez les noms à droite avec les sigles à gauche.

____ 1. ANPE   A. Curriculum vitae
____ 2. CDD   B. Gaz de France
____ 3. CDI   C. Contrat première embauche
____ 4. CPE   D. Electricité de France
____ 5. CV   E. Contrat à durée indéterminé
____ 6. EDF   F. Revenu minimum d'insertion
____ 7. GDF   G. Sans domicile fixe
____ 8. RMI   H. Salaire minimum interprofessionnel de croissance
____ 9. SDF   I. Contrat à durée déterminé
____ 10. SMIC   J. Agence nationale pour l'emploi

C. Le logement. Reliez les définitions à droite avec les sigles à gauche.

____ 1. une pièce   A. un bâtiment destiné au logement d'une famille
____ 2. une chambre de bonne   B. un appartement d'une seule pièce principale avec une cuisine séparée et une salle de bains
____ 3. un studio   C. une salle dans un appartement ou dans une maison
____ 4. un appartement   D. un logement proposé à loyer réduit grâce à des financements de l'Etat
____ 5. un appartement en copropriété   E. un bâtiment de plusieurs étages destiné au logement
____ 6. un F1   F. un appartement acheté dans un immeuble dont tous les propriétaires partagent le maintien de l'immeuble
____ 7. un F1, F2, F3 ...   G. un type de logement composé d'un certain nombre de pièces et situé dans un immeuble
____ 8. une maison   H. un appartement d'une seule pièce avec un coin cuisine et une salle de bain (lavabo, douche/baignoire, toilettes)
____ 9. un immeuble   I. un appartement avec le nombre de pièces principales indiqué (la cuisine et la salle de bain non comprises)
____ 10. le logement HLM   J. une chambre dans une maison ou dans un immeuble sans cuisine (et souvent sans salle de bain / toilettes)

D. Petites annonces. Déchiffrez les petites annonces ! Reliez le vocabulaire avec les abréviations.

vocabulaire
appartement ; bon état, très bon état ; grand ; dans ; quartier ; proximité ; exposition ; centre ; avenue ; route ; résidence ; étage ; rez-de-chaussée ; spacieux ; aménagé ; américain ; cuisine ; kitchenette ; salle de bain/salle d'eau ; séjour ; salon ; bureau ; chambre ; parking ; nombreux rangements ; charges ; chauffage ; interphone ; studio ; ascenseur ; meublé

Petites annonces			
Abréviation	Mot	Abréviation	Mot
Aména		Inter	
Améric		Kitch	
Apt		Mblé	
Asc		Nbx rgts	
Av		Pk/park	
Be/tbe		Prox	
Burea		Quart/qu	
Chg/chges/ch		Rdc	
Ch/chs/chbres/chamb		Rés	
Chauf		Rte	
Ctre		Sal	
Cuis/cui		Sdb/sde	
Ds		Séj	
Et		Spac	
Gd		Stud	

F. Quel appart ? Lisez les petites annonces ci-dessous. Quel appartement vous intéresse ? Pourquoi ? Créez vos propres petites annonces. Utilisez les petites annonces à gauche pour vous inspirer !

CHBRES/STUDIO/F1
Paris 7ème, Stud. mblé, tout confort, coin cuis., Sdb, en BE, chauff., prox. transports, 420€, 01.43.96.35.76

Paris 13ème, bel apt. de type F1 ouvrant s/balcon, spac. séj., cuis. améric., Sdb, à saisir rapidement 520€, 01.43.41.58.72

CHBRES/STUDIO/F1
_____
_____
_____
_____
_____
_____

2/3 PIECES
Paris 14ème, Magnifique F2, TBE, beau séj., cuis. am., Sdb, 1 chbre, 671€, 01.43.33.44.01

Paris 17ème, Superbe F3, TBE, cuis. am., Sdb, séj, inter, 2 chs, TB quart, 680€, 01.43.34.58.61

2/3 PIECES
_____
_____
_____
_____
_____
_____

Composition

Transformation totale. En deux heures, le spectateur est témoin de la transformation totale de Carla. Au début, elle est timide, renfermée et sage. A la fin, elle est extrovertie et criminelle. Ecrivez une composition pour tracer l'évolution de Carla au cours du film. Utilisez ***les verbes et leurs prépositions, les pronoms disjoints, les pronoms complément d'objets direct et indirect, y et en.***

Avant d'écrire :	Faites une liste du vocabulaire et des structures grammaticales que vous allez utiliser dans votre composition.
	Faites un plan avec une introduction, des idées principales et une conclusion.
Ecrivez :	Suivez votre plan et utilisez le manuel pour vérifier le vocabulaire et la grammaire.
	Evitez les répétitions : cherchez des synonymes et variez la longueur des phrases.
Après avoir écrit :	Relisez votre composition : cherchez les fautes d'orthographes et vérifiez les accents.
	Est-ce que le contenu est bon (une bonne variété de vocabulaire et de structures grammaticales) ?
	Est-ce que le contenu est présenté de manière logique ?
	Est-ce que la composition est originale et intéressante ?

Cinéphile Sur mes lèvres

Chapitre 7

Exercices de vocabulaire

A. Célébrité. Comment est-ce que les célébrités se comportent ? Réfléchissez au comportement des gens célèbres et utilisez *le vocabulaire* pour compléter les phrases ci-dessous.

vocabulaire				
avare	égocentrique	généreux	méchant	riche
créatif	égoïste	intelligent	patient	sympathique
dominateur	extraverti	jaloux	puissant	vaniteux

1. Comme la plupart des gens, j'admire certaines célébrités. J'admire :
   _____

2. Je les admire parce qu'elles sont :
   _____

3. Il y a aussi des célébrités que je n'aime pas du tout. Je n'aime pas :
   _____

4. Je ne les aime pas parce qu'elles sont :
   _____

5. A mon avis, une personne célèbre a certaines responsabilités. Parmi leurs responsabilités, il faut se comporter de manière :
   _____

6. Il faut aussi ne pas se comporter de manière :
   _____

7. Si j'étais célèbre, je serais :
   _____

8. Si j'étais célèbre, je ne serais jamais :
   _____

B. Activités culturelles. Quel rôle est-ce que les activités culturelles jouent dans votre vie ? Utilisez *le vocabulaire* ci-dessous pour compléter les phrases suivantes.

C'est le moment où je peux...	
apprendre des choses	passer du temps avec ma famille
me distraire	passer du temps avec mes amis
être tranquille	me reposer

Cinéphile   Comme une image

1. Quand je lis un livre, _____.
2. Quand j'écoute de la musique, _____.
3. Quand je vais au cinéma, _____.
4. Quand je visite un musée, _____.
5. Quand je visite un monument historique, _____.
6. Quand je vais au concert, _____.
7. Quand je vais au théâtre, _____.
8. Quand je participe aux activités artistiques, _____.
9. Quand je vais au café avec ma famille, _____.
10. Quand je prends un repas avec ma famille, _____.
11. Quand je vais au café avec mes amis, _____.
12. Quand je prends un repas avec mes amis, _____.

C. *Chronologie.* Mettez les phrases suivantes en ordre chronologique.

_____ Le jeune homme trouve le numéro de téléphone de la jeune femme et ils se rencontrent.

_____ Puis, elle appelle son amie et elle l'attend devant la boîte de nuit.

_____ Enfin, le jeune homme et la jeune femme deviennent de très bons amis et ils sortent ensemble.

_____ Pendant qu'elle attend son amie, un jeune homme s'évanouit et elle l'aide.

_____ Le jeune homme veut remercier la jeune femme et il la cherche.

_____ Au début, une jeune femme ne peut pas entrer dans une boîte de nuit.

_____ Après, son amie sort de la boîte de nuit et la jeune femme part sans parler au jeune homme.

Après avoir visionné

Compréhension générale

A. Chronologie. Mettez les phrases suivantes en ordre chronologique.

_____ Pendant que Lolita attend Karine devant la boîte de nuit, un jeune homme s'évanouit et elle l'aide.

_____ Mathieu ne veut pas aller à la campagne avec Lolita et elle invite donc Sébastien.

_____ Après l'avant-première, tout le monde va à la boîte de nuit mais Etienne et Karine y entrent sans Lolita.

_____ Sébastien et Lolita deviennent de bons amis, mais Lolita aime toujours Mathieu.

_____ Après le concert, Lolita parle avec son père qui lui dit que Sébastien a rejeté sa proposition d'aide. Lolita comprend donc que Sébastien l'aime.

_____ Quelques mois plus tard, Lolita monte son concert avec le soutien de Sylvia et de Sébastien.

_____ Il y a une avant-première pour l'adaptation cinématographique du livre d'Etienne.

_____ Le jeune homme veut rencontrer Lolita parce qu'elle est partie avant qu'il ne se réveille.

_____ Pendant son week-end à la campagne, Lolita va à une soirée où elle voit Mathieu qui embrasse une autre jeune femme.

_____ Sébastien, le jeune homme qui s'est évanoui dans la rue, rencontre Lolita et il l'aime beaucoup.

B. Personnages. Reliez les descriptions à droite avec *les personnages* à gauche.

_____ 1. Lolita   A. Il n'est jamais gêné par le comportement d'Etienne.

_____ 2. Etienne   B. La célébrité n'est pas importante pour lui.

_____ 3. Karine   C. Il est déçu que Pierre n'écrive pas le texte de leur livre.

_____ 4. Sylvia   D. Il est mélancolique parce qu'il assiste au déclin de sa célébrité.

_____ 5. Pierre   E. Il est avec Lolita parce qu'il peut bénéficier de la célébrité d'Etienne.

_____ 6. Edith   F. Elle est belle et mince. Elle est tout ce que Lolita n'est pas.

_____ 7. Félix   G. Elle ne perd pas que l'amitié de Pierre, elle perd aussi un client.

_____ 8. Vincent   H. Bien qu'elle soit mal dans sa peau elle trouve l'amour.

_____ 9. Sébastien   I. Elle soutient son mari jusqu'au moment où il devient célèbre.

_____ 10. Mathieu   J. Il trouve la célébrité mais il perd sa femme.

C. Professions. Indiquez la/les profession/s réelle/s des personnages du film. Indiquez aussi leur profession rêvée si c'est logique.

1. Etienne _____
2. Karine   _____
3. Lolita   _____

4. Sylvia _____
5. Pierre _____
6. Félix _____
7. Sébastien _____
8. Mathieu _____
9. Edith _____
10. François Galland _____

D. *Profil.* Complétez le tableau suivant.

Profil de *Comme une image*
Titre :
Genre :
Année de production :
Réalisateur :
Lieu d'action :
3 événements principaux :
1.
2.
3.
5 mots clés :
1.
2.
3.
4.
5.
Sommaire (une phrase) :
Anecdote :

Exercices de vocabulaire

A. Les personnages. Imaginez que Lolita devienne une chanteuse célèbre. Utilisez *les adjectifs* suivants pour décrire les étapes de sa vie.

Adjectifs					
confiante	égocentrique	heureuse	mélancolique	renfermée	timide
distante	généreuse	insensible	ouverte	sensible	triste
égoïste	gentille	mal dans sa peau	peu sûre d'elle	sociable	

1. Avant de devenir célèbre, Lolita est …
   _____

2. Lolita est « découverte », elle est …
   _____

3. Lolita est célèbre, elle est …
   _____

B. Les gens. Reliez *le vocabulaire* ci-dessous avec la définition qui convient.

Vocabulaire			
un ami	une célébrité	une éditrice	un professeur de chant
un animateur (de télé)	une chanteuse	un parasite	un raté
un assistant	un écrivain		

1. _____ Une personne qui aide une autre personne.

2. _____ Une personne qui chante.

3. _____ Une personne qui édite ou publie des livres.

4. _____ Une personne qui échoue dans sa carrière.

5. _____ Une personne pour qui on a de l'affection.

6. _____ Une personne qui écrit des textes ou des livres.

7. _____ Une personne qui donne des cours de chant.

8. _____ Une personne qui anime une émission de télévision.

9. _____ Une personne qui utilise une autre personne pour obtenir quelque chose.

10. _____ Une personne qui est célèbre.

C. Autour d'Etienne. Etudiez le graphique ci-dessous et expliquez les rapports entre les personnages du film et Etienne. Ecrivez un paragraphe pour décrire leurs rapports.

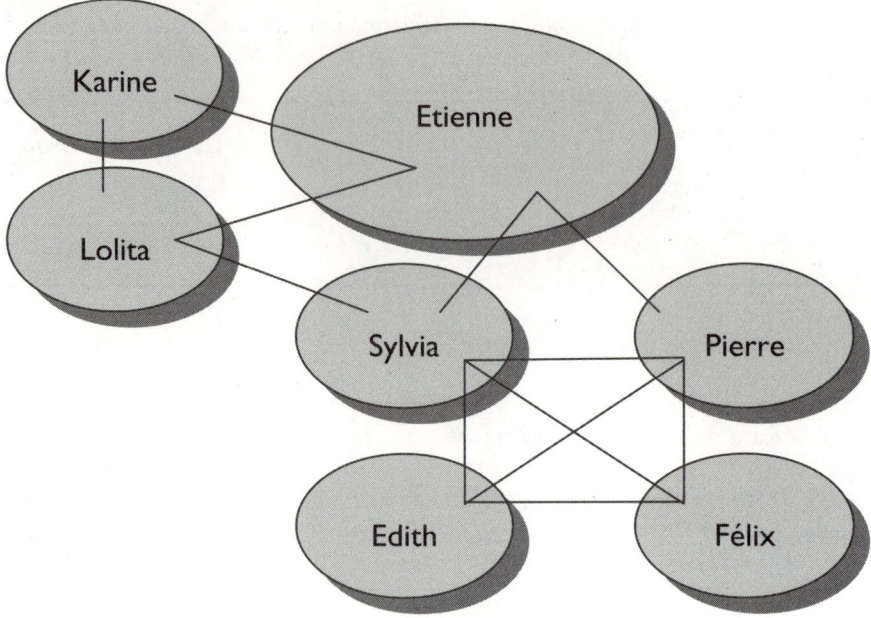

Grammaire

7.1 – Les adverbes : formes et place

A. Adverbes. Donnez *les adverbes* qui correspondent aux adjectifs suivants.

1. bas _____
2. bon _____
3. bref _____
4. confus _____
5. courageux _____
6. constant _____
7. évident _____
8. facile _____
9. franc _____
10. gentil _____
11. mauvais _____
12. précis _____
13. profond _____
14. sérieux _____
15. vrai _____

B. Types d'adverbes. Complétez le tableau suivant avec *la catégorie des adverbes* qui conviennent.

adverbes					
1.	2.	3.	4.	5.	6.
constamment	aujourd'hui	dehors	bien	assez	bien sûr
fréquemment	auparavant	derrière	courageusement	beaucoup	non
rarement	demain	devant	facilement	moins	oui
souvent	hier	ici	profondément	plus	peut-être
toujours	le lendemain	là-bas	sérieusement	trop	si

C. L'amour de Sébastien. Récrivez les phrases suivantes avec les mots entre parenthèses. Changez l'adjectif en *adverbe* si cela est nécessaire.

1. La gentillesse de Lolita a touché Sébastien. (profond)

   _____

2. Il pense que Lolita est une jeune femme intéressante. (extrême)

   _____

3. Elle lui répond qu'il est normal d'aider les autres. (sec)

   _____

4. Il lui dit qu'il veut la voir. (vrai, le lendemain)

   _____

Cinéphile — **Comme une image**

5. Elle lui répond qu'elle a un petit ami. (gentil, déjà)

    _____

6. Il est déçu. (évident, très)

    _____

7. Cette rencontre est le début de leur amitié ! (heureux)

    _____

8. Sébastien croit qu'ils se verront à l'avenir. (très, souvent) (Et il a raison !)

    _____

7.2 – Les pronoms relatifs qui et que

A. ***Personnages principaux.*** Reliez les deux phrases avec *le pronom relatif qui*.

1. Lolita est une jeune femme. La jeune femme n'a pas beaucoup de confiance en elle.

    _____

2. Etienne, le père de Lolita, est un écrivain. L'écrivain est très égocentrique.

    _____

3. Karine est la femme d'Etienne. Karine a beaucoup de patience avec son mari.

    _____

4. Sylvia est le professeur de chant de Lolita. Sylvia soutient son mari Pierre.

    _____

5. Pierre est un homme déprimé. L'homme devient célèbre quand son livre sort.

    _____

6. Sébastien est un jeune homme sensible. Le jeune homme aime Lolita malgré tout.

    _____

B. ***Livre.*** Reliez les deux phrases avec *le pronom relatif que*.

1. Sylvia n'aime pas beaucoup le livre. Pierre a écrit le livre.

    _____

2. Selon Etienne, le livre était facile à écrire. Pierre a écrit le livre.

    _____

3. La critique du livre de Pierre est très positive. Sylvia a lu la critique du livre de Pierre.

    _____

4. La femme fait des publicités. Pierre a rencontré la femme.

    _____

Comme une image   Cinéphile

5. Pierre ne veut plus écrire le texte du livre. Félix a commencé le livre.
   _____

6. Les amis l'ont aidé à devenir célèbre. Pierre ne voit plus les amis.
   _____

C. **Analyse.** Indiquez si le pronom relatif est *une personne* ou *une chose* et *un sujet* ou *un objet direct*. Puis, complétez la phrase avec **le pronom relatif** qui convient.

   Modèle : **personne et sujet**   Lolita a un père **qui** est célèbre.

   1. _____   Etienne est un écrivain _____ tout le monde respecte.

   2. _____   C'est malheureusement un homme _____ ne respecte pas sa famille.

   3. _____   Quand Sylvia, Edith, Pierre et Félix font la queue devant la boîte de nuit, Pierre dit qu'il y a des gens _____ on traite mieux que les autres.

   4. _____   Pierre est cynique parce que les livres _____ il a écrits n'ont pas eu de succès.

   5. _____   Le livre _____ il vient d'écrire reçoit de bonnes critiques.

   6. _____   Le livre _____ s'appelle « Comme une image » mène à la détérioration de ses rapports avec sa femme et ses amis.

   7. _____   A la fin du film, Pierre est un homme _____ ressemble beaucoup à Etienne.

7.3 – Les pronoms relatifs qui, lequel, où et dont

A. *A la campagne.* Reliez les deux phrases avec **le pronom relatif qui**. Faites attention aux prépositions qui introduisent les antécédents.

   1. Lolita a une maison de campagne. Mathieu ne veut plus passer le week-end chez Lolita.
      _____

   2. Mathieu ne l'aime pas beaucoup. Lolita espère passer son temps avec Mathieu.
      _____

   3. Sylvia comprend sa tristesse. Lolita parle à Sylvia de son problème avec Mathieu.
      _____

4. Sylvia comprend que Lolita est une personne sensible. Les rapports avec les autres sont difficiles pour Lolita.

5. A son avis, Sébastien est le jeune homme idéal pour elle. Lolita devrait sortir avec Sébastien.

B. **Concert.** Reliez les deux phrases avec *le pronom relatif lequel* ou *le pronom relatif où* selon le contexte. Faites attention aux prépositions qui introduisent les antécédents.

1. Le concert est très important pour elle. Lolita pense toujours au concert.

2. Sylvia et Lolita visitent l'église. Son concert aura lieu dans l'église.

3. Le concert est une réussite. Lolita s'est bien préparée pour le concert.

4. Après le concert, tout le monde va chez Lolita. Il y a une soirée chez Lolita.

5. La soirée n'est pas une réussite. Tout le monde se dispute à la fin de la soirée.

C. **Personnages.** Faites des phrases avec les éléments donnés pour parler des personnages du film. Utilisez *le pronom relatif dont*.

Modèle : Edith : l'ami / être / écrivain : être triste / à la fin du film
Edith, dont l'ami est écrivain, est triste à la fin du film.

1. Lolita : le père / être / écrivain : ne…pas / être / contente

2. Etienne : les amis / être / obséquieux : ne…pas / respecter / sa famille

3. Karine : le mari / être / égocentrique : ne…plus / avoir / de patience pour lui

4. Sylvia : le mari / être / aussi / écrivain : comprendre / la situation de Lolita et de Karine

5. Pierre : la femme / être / déçue : perdre le respect de ses amis

D. Shopping. Karine et Lolita font du shopping. Complétez leur dialogue en écrivant les phrases de Lolita avec les éléments donnés. Utilisez **le pronom relatif dont**.

Modèle :   *Tiens ! On va dans ce magasin.*   --Oh non ! Il vend les vêtements / j'ai horreur
   Oh non ! Il vend les vêtements dont j'ai horreur !

Karine dit :   *Lolita répond :*

1. *Tu dois prendre ce haut !*   -- Non ! Ce n'est pas / le haut / j'ai besoin
   _____

2. *Tu as déjà des hauts noirs !*   -- Je prendrai / le haut noir / j'ai envie
   _____

3. *Pourquoi est-ce que tu as l'air triste ?*   -- Le jeune homme / je t'ai parlé / ne m'aime pas
   _____

4. *Il est avec toi parce que ton père est célèbre.* -- Oui c'est vrai. C'est ce genre d'homme / j'ai peur
   _____

5. *Qu'est-ce que tu peux faire ?*   -- Aucune idée. C'est toujours la même situation / je me plains
   _____

E. La chance. Complétez le paragraphe suivant avec **les pronoms relatifs qui, lequel, où** et **dont** selon le contexte.

Un couple qui s'est rencontré devant la boîte de nuit _____ il y avait une soirée à _____ Etienne, Karine et Lolita assistaient croise Etienne dans la rue.

« Tiens ! Voilà l'écrivain _____ la fille est très célèbre ! Je l'ai vu il y a dix ans. Il était très connu à cette époque. Il y avait une soirée après l'avant-première de l'adaptation cinématographique de son roman dans la boîte de nuit à côté de _____ je faisais la queue.»

« Ah oui ! C'était le jour _____ je t'ai rencontrée ! Je suis allé au cinéma pour voir un film _____ tout le monde parlait à cette époque. Je mangeais dans un restaurant en face (de) _____ tu faisais la queue. Je t'ai remarquée tout de suite. L'homme avec _____ tu faisais la queue avait l'air ennuyé ! »

« Oui ! Il ne s'amusait pas du tout ! Heureusement que j'ai perdu le carton d'invitation _____ j'avais besoin pour entrer dans la boîte de nuit ! »

« Tout à fait ! Et heureusement que le restaurant dans _____ je mangeais a dû fermer tôt ! »

« Oui, on a vraiment eu de la chance ce soir-là. La fille de l'écrivain a aussi eu de la chance ce soir-là parce qu'elle a rencontré un jeune homme avec _____ elle s'est mariée. Il est maintenant scénariste et réalisateur et elle joue dans tous ses films ! »

7.4 – Les pronoms relatifs sans antécédent et avec antécédent proposition

A. Etienne. Pierre parle avec Sylvia de sa conversation avec Etienne. Indiquez si le pronom relatif est **1) sans antécédent ou avec antécédent proposition, 2) un sujet, un objet direct, l'objet de la préposition de ou l'objet d'une préposition autre que de.** Puis, complétez la phrase avec le pronom relatif qui convient.

Modèle : <u>**avec antécédent, sujet**</u>   *J'ai dîné avec Etienne hier, **ce qui** était très intéressant.*

1. _____   J'ai oublié _____ il m'a dit exactement.
2. _____   Je pense qu'il m'a expliqué _____ il a envie.
3. _____   Il était assez gentil, _____ m'étonne.
4. _____   _____ il pense n'est jamais évident.
5. _____   Il veut écrire un autre livre, _____ me plaît beaucoup.
6. _____   Je ne sais pas sur _____ il va écrire.
7. _____   _____ j'ai entendu, c'est qu'il a du mal à écrire.
8. _____   _____ il se plaint, c'est son incapacité d'écrire.
9. _____   Je me demande _____ l'empêche d'écrire.
10. _____   Et toi ? Comprends-tu _____ il veut faire ?

B. Réflexion. Lolita réfléchit à la célébrité. Complétez le paragraphe suivant avec *les pronoms relatifs sans antécédent ou avec antécédent proposition* selon le contexte.

_____ me gêne, c'est que tout le monde profite de moi. Je comprends _____ les gens font ! Ils sont très gentils envers moi pendant quelques semaines (_____ me plaît), après _____ ils me laissent tomber parce qu'ils deviennent amis avec mon père. C'est _____ ils rêvent. _____ je ne comprends pas, c'est pourquoi ils veulent connaître mon père. _____ ils pensent n'est pas clair ! Mon père n'est pas gentil, _____ j'ai honte. Il est même méchant, _____ les gens ignorent. J'en ai assez de tout ça, _____ mon père ne comprend pas. _____ je lutte, c'est l'obsession pour la célébrité ! _____ la société a besoin, ce sont des gens honnêtes et intègres !

C. Choses importantes. Lolita réfléchit à la vie. Complétez les phrases suivantes de manière logique.

1. « Comme une image », c'est ce que _____.
2. Le chant, c'est ce dont _____.
3. La célébrité, c'est ce à quoi _____.
4. L'amitié, c'est ce qui _____.
5. L'amour, c'est ce que _____.

7.5 – Les pronoms relatifs - récapitulation

A. Projets. Etienne parle avec Lolita de ses projets. Indiquez si le pronom relatif *1) a un antécédent spécifique / n'a pas d'antécédent / a un antécédent proposition, 2) est une personne / une chose 3) est un sujet, un objet direct, l'objet de la préposition de ou l'objet d'une préposition autre que de.* Puis, complétez la phrase avec le pronom relatif qui convient.

Modèle : Je finirai mon repas, après __quoi__ je te parlerai.
<u>**avec antécédent proposition / objet de la préposition après**</u>

1. Je vais à une soirée _____ j'espère voir Mathieu.
_____

2. Mathieu est le jeune homme _____ j'aime depuis longtemps.
_____

3. Sylvia avec _____ je vais à la soirée m'attend dans la voiture.
_____

4. Je ne sais pas _____ nous allons faire avant d'aller à la soirée.
_____

5. Elle m'a parlé un peu de son mari _____ elle est fière.
_____

6. Elle ne m'a pas expliqué la raison pour _____ elle se fâche contre lui.
_____

7. Je ne sais pas _____ la gêne.
_____

8. _____ elle lutte, c'est la célébrité de Pierre.
_____

9. Selon Sylvia, la célébrité est une chose _____ peut détruire les relations entre les gens.
_____

10. Comme dit le proverbe : « Tout _____ brille n'est pas or. »
_____

B. Scène. Complétez le paragraphe suivant avec **les pronoms relatifs** qui conviennent.

Lolita et Sébastien sont dans un café _____ ils attendent l'arrivée de Mathieu. La raison pour _____ Sébastien veut voir Lolita est qu'il veut rendre sa veste dans _____ il a trouvé sa photo. Sébastien explique à Lolita _____ il a du mal à comprendre (sa gentillesse). La gentillesse de Lolita, _____ est rare, impressionne Sébastien pour _____ l'amitié compte beaucoup. Mathieu arrive au café avec une jeune femme, _____ surprend Lolita. C'est le moment _____ Sébastien comprend que Mathieu n'aime pas Lolita. Sébastien, _____ l'intégrité est remarquable, ne dit rien mais il sait _____ Lolita a besoin. Lolita commence à soupçonner _____ se passe mais elle ne veut pas croire que Mathieu l'aime parce que son père peut l'aider – c'est _____ elle a peur. Lolita invite Sébastien à les accompagner au cinéma, _____ il fait avec plaisir parce que Lolita est une jeune femme _____ il veut connaître.

Traduction

Français → anglais

A. Mots et expressions. Traduisez les mots et les expressions suivantes **en anglais**.

1. l'égoïsme _____
2. l'égocentrisme _____
3. la célébrité _____
4. insensible _____
5. déprimé _____
6. profiter de quelqu'un _____
7. avoir du succès _____
8. avoir besoin d'aide _____
9. se demander _____
10. blesser quelqu'un _____

B. Phrases. Traduisez les phrases suivantes **en anglais**.

1. Je sais ce dont tu as vraiment besoin. _____
2. Tu fais ce que tu veux. _____
3. Il fait toujours ce qui me gêne énormément. _____
4. Elle a des amis qui sont très célèbres. _____
5. Il a rencontré les amis dont je parle. _____

Anglais → français

A. Mots et expressions. Traduisez les mots et les expressions suivantes **en français**.

1. a singing instructor _____
2. a singing class _____
3. a singer _____
4. a concert _____
5. a rehearsal _____
6. to take a class _____
7. to attend (a class, a concert, etc.) _____
8. a writer _____
9. a book, a novel, an article, a review _____
10. to write / to read a book, a novel, etc. _____

B. Phrases. Traduisez les phrases suivantes **en français**.

1. Your advice is always useful. _____
2. She is taking my class. _____
3. She wants me to attend her rehearsals. _____
4. I don't know what I am going to do. _____
5. What should I do ? _____

C. Conseils. Sylvia écrit un e-mail à son amie pour lui demander des conseils. Traduisez son e-mail **en français**.

```
A :        e.fontaine@wanadoo.fr
DE:        sylvia.miller@club-internet.fr
SUJET:     Advice
DATE:      April 8
```

Dear Elodie,
I am writing you because I want some advice and I know that you always have advice that is very useful. Lolita is taking my singing class and she wants me to attend her rehearsals. She is putting together a concert that is very important for her. Her father is very famous. He is a writer whose books are well known (I always buy his books the day they come out). I think that Lolita is uncomfortable with herself because her father is egocentric and insensitive. It is obviously her father's behavior that is difficult for her. But I think that her father can help Pierre who is depressed because he wrote two books that were not successful. Etienne likes enormously the book that Pierre just wrote. In my opinion, it's a good book that can be successful.
I don't know what I am going to do. I can attend Lolita's rehearsals who really needs help and whose father can help Pierre. But I wonder if I only want to help her because her father is a person whose celebrity can help Pierre. It is a difficult situation because I don't want to hurt Lolita who already has a lot of friends who take advantage of her. What should I do ? I am waiting (impatiently) for your advice which I absolutely need !
Kisses, Sylvia

```
A :        e.fontaine@wanadoo.fr
DE:        sylvia.miller@club-internet.fr
SUJET:     Conseils
DATE:      le 8 avril
```

_____ ,

_____

Comme une image   Cinéphile

Photo

A. **Détails.** Regardez l'image et choisissez les bonnes réponses.
1. Où est-ce que cette scène a lieu ?
   a. chez Karine
   b. dans un magasin de vêtements
   c. dans un café
2. Quand est-ce que cette scène a lieu ?
   a. Elle a lieu vers le début du film.
   b. Elle a lieu vers le milieu du film.
   c. Elle a lieu vers la fin du film.
3. Karine et Lolita…
   a. s'habillent pour un concert.
   b. se disputent comme d'habitude.
   c. essaient des vêtements.

B. **Chronologie.** Mettez les phrases suivantes en ordre chronologique.

_____ Pendant qu'elle essaie le haut, Lolita se plaint de son père.

_____ Karine essaie un haut et elle se trouve « énorme ».

_____ Karine essaie de rassurer Lolita et elle dit qu'Etienne l'adore.

_____ Karine continue la conversation. Elle dit à Lolita qu'elle aimerait passer plus de temps avec elle.

_____ Après avoir essayé son haut, Karine veut que Lolita essaie aussi un haut.

_____ Lolita répond que c'est ridicule (elle veut dire que le haut est ridicule) et Karine laisse tomber la conversation.

C. **En général.** Répondez aux questions suivantes. Ecrivez deux ou trois phrases.

1. Faites une description de la photo. Qu'est-ce qui se passe ?
   _____
   _____
   _____

2. Donnez un titre à la photo. Justifiez votre choix.
   _____
   _____
   _____

Cinéphile   Comme une image

3. Comment Lolita se sent-elle ? Parlez de ses émotions sur cette photo.

___

___

___

D. *Aller plus loin*. Ecrivez un paragraphe pour répondre aux questions suivantes.

1. Donnez des exemples qui montrent que Karine est préoccupée pour son poids. Pourquoi est-ce qu'elle n'a pas plus confiance en elle ?

___

___

___

___

___

___

2. Comment est-ce que Jaoui montre le rôle de la nourriture dans la société au cours du film ?

___

___

___

___

___

___

Jeux

A. *Au café*. Vous êtes scénariste et vous préparez une scène que vous allez tourner. Etudiez la scène « le déjeuner au café » et complétez les fiches pour préparer le tournage de la scène.

Scène : le déjeuner au café	
Situation	1 heure 3 minutes 20 secondes
Personnages :	Etienne et Lolita
Lieu de l'action :	Le café préféré d'Etienne
Intérêt principal :	Etienne et Lolita déjeunent ensemble.

Fiche N°1 rôles			
Titre du film			
	Nom du personnage	Nom de l'acteur / de l'actrice	description du personnage
N°1			
N°2			

Fiche N°2 scènes			
Titre du film			
Titre de la scène			
Intérêt principal de la scène			
Résumé de la scène			
Personnages principaux			
	nom du personnage	description du costume	description du maquillage
N°1			
N°2			

Fiche N°3 tournage			
Titre de la scène			
Lieu de tournage			
Date du tournage			
Heure du tournage			
décors / accessoires			
	lieu	résumé du décor	résumé de l'action
N°1			
N°2			
	accessoires	description des accessoires	
N°1			
N°2			

Cinéphile   Comme une image

B. Recettes. Lisez la recette ci-dessous et répondez aux questions suivantes.

1. Qu'est-ce qu'on prépare ?
2. Quels ingrédients faut-il ?
3. Combien de temps faut-il pour rassembler les ingrédients ? pour faire cuire la recette ?
4. Est-ce une recette facile ou difficile ?
5. Quels conseils offre-t-on ?

Recette du jour: *Crêpes*

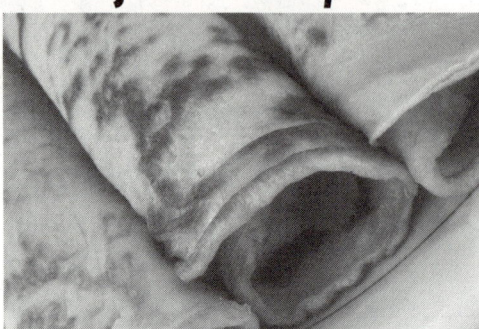

pas cher

facile

6 – 8

10 min

3 min

Ingrédients pour 16 – 18 crêpes :
8 grosses cuillerées à soupe de farine
4 œufs entiers
1/2 litre de lait
1 cuillerée à soupe d'extrait de vanille

Recette :
Verser la farine dans un bol.
Ajouter les oeufs et mélanger jusqu'à obtenir une pâte épaisse mais onctueuse.
Ajouter le lait petit à petit.
Mélanger énergiquement pour éviter les grumeaux.
La pâte est prête quand elle est bien lisse.
Ajouter l'extrait de vanille.
Laisser reposer une heure.
Dans une poêle très chaude, verser un peu de beurre pour graisser la poêle.
Verser une demi louche de pâte et faire cuire 3 minutes.

Conseils :
Etre créatif/ve ! Préparer les accompagnements sucrés : des confitures, du chocolat fondu, de la crème fouettée, de petits fruits, etc.
Préparer aussi les accompagnements salés : du fromage râpé, des tranches du jambon, des olives, etc.

A vous !

1. Préparez la recette ci-dessus. Parlez avec vos camarades de classe : combien de temps avez-vous passé à préparer et à faire cuire la recette ? Est-ce une bonne recette ? Pourquoi ou pourquoi pas ?

2. Avez-vous une recette préférée ? Ecrivez-la et échangez votre recette avec vos camarades de classe.

Culture

A. Cinéma. Déterminez si les phrases suivantes sont vraies ou fausses.

1. vrai   faux   Le cinéma est une invention qui date du milieu du 20ᵉ siècle.
2. vrai   faux   Les frères Spectacle ont projeté le premier film, *La Sortie de l'usine Lumière à Lyon*.
3. vrai   faux   Les premiers films étaient muets mais l'accompagnement musical était répandu.
4. vrai   faux   Les spectateurs regardent des films en couleur depuis 1932.
5. vrai   faux   Il y a toujours des avancées techniques qui attirent les spectateurs au cinéma.
6. vrai   faux   Le Festival de Cannes et les César ont donné naissance au cinéma.
7. vrai   faux   Le Festival de Cannes est un événement cinématographique international.
8. vrai   faux   Les César récompensent les talents de jeunes écrivains.
9. vrai   faux   Bacri et Jaoui ont reçu cinq César pour leur travail dans le film *Comme une image*.
10. vrai   faux   Berry a reçu le César du Meilleur jeune espoir féminin pour son travail dans le film *Comme une image*.

B. Gens du cinéma. Qui a fait quoi ? Reliez le métier avec la personne qui correspond. Notez que quelques métiers sont utilisés plusieurs fois.

_____ 1. Agnès Jaoui   a. acteur / actrice
_____ 2. Jean-Pierre Bacri   b. coiffeur-maquilleur
_____ 3. Stéphane Fontaine   c. compositeur
_____ 4. Jackie Raynal   d. directeur de la photographie
_____ 5. Marilou Berry   e. ingénieur du son
_____ 6. Philippe Rombi   f. monteur
_____ 7. François Gédigier   g. réalisateur/trice
_____ 8. Jean-Pierre Duret   h. scénariste
_____ 9. Laurent Grévill
_____ 10. Virginie Desamauts

C. A la FNAC. Vous êtes employé/e à la FNAC (un magasin de produits culturels et techniques). Corrigez les phrases suivantes afin que les clients puissent trouver la musique qu'ils cherchent.

1. *Johnny Holiday* _____ est un chanteur français. On trouve ses CD au rayon « *opéra* » « _____ ».

2. *Jean-Luc Pothier* _____ est un musicien français. On peut chercher ses CD au rayon « *rap* » « _____ ».

3. *Chet Mamie* _____ est un chanteur d'origine algérienne. Ses CD se trouvent au rayon « *musique classique* » « _____ ».

Cinéphile — Comme une image

4. **UR** _____ est un groupe de musiciens français. On cherche leurs CD au rayon « *jazz* » « _____ ».

5. **Louis Combat** _____ est un groupe de musiciens français. Cherchez leurs CD au rayon « *raï* » « _____ ».

6. **Chaplin** _____ était un compositeur français. On peut trouver sa musique au rayon « *chanson française* » « _____ ».

7. **Jean-Baptiste Lily** _____ était un compositeur français. Ses disques se trouvent au rayon « *rock* » « _____ ».

D. *La littérature.* Complétez le passage suivant sur la littérature de manière logique.

La lecture est une activité culturelle importante en France. Par exemple, _____% des Français lisent un livre ou plus par mois et _____% se considèrent lecteurs occasionnels puisqu'ils lisent moins d'un livre par mois. Tous les genres littéraires sont appréciés par les Français. Si on aime _____, on lit peut-être les calligrammes d'Apollinaire. Les gens qui aiment _____ lisent quelquefois la *Comédie Humaine* de Balzac qui a écrit des livres qui parlent de la société française. Certains préfèrent _____ et ils aiment souvent les pièces de Molière. Il y a des gens qui n'aiment pas du tout la littérature du 17e siècle et les écrivains comme _____, mais ils adorent la littérature du 19e siècle et les œuvres des écrivains comme _____. Bien entendu la plupart des gens préfèrent toujours les écrivains du 20e siècle comme _____. Quel que soit le genre littéraire préféré, on adore aller dans les librairies pour découvrir de nouveaux écrivains comme Pierre Miller !

E. *Musées de Paris.* Vous êtes stagiaire pour *La Maison de la France*. Vous êtes chargé/e du kiosque dans la station de métro Charles de Gaulle-Etoile où vous devez répondre aux questions des touristes. Répondez à leurs questions.

1. Je veux voir *la Joconde, la Vénus de Milo* et *la Victoire de Samothrace*. J'aime aussi l'art du Moyen Age. Où est-ce que je peux aller ?
   _____

2. Quelqu'un m'a dit que je peux voir une grande collection de tableaux impressionnistes dans un seul musée. Où est-ce que je devrais aller ?
   _____

3. J'en ai assez des musées mais ma copine veut voir un dernier musée avant de quitter Paris. Je préférerais voir un film. Avez-vous des recommandations ?
   _____

4. Nous voudrions voir des sculptures d'un artiste dont je ne me rappelle plus le nom. Sa compagne était aussi artiste.
   _____

5. On m'a dit que l'hôtel Salé est un musée. Quel genre de musée est-ce ?
   _____

F. Cafés. Déterminez si les phrases suivantes sont vraies ou fausses.

1. vrai   faux   Autrefois, les artistes se retrouvaient dans les cafés pour parler d'art.
2. vrai   faux   Quelques cafés parisiens, comme le Procope existent depuis des siècles.
3. vrai   faux   Le café ne joue plus un rôle important dans la société française.
4. vrai   faux   Tous les cafés ont dû fermer parce que Starbuck's est un concurrent.
5. vrai   faux   On peut boire des boissons et prendre des repas dans les cafés.
6. vrai   faux   Quand les Français vont aux cafés, ils mangent vite et ils partent tout de suite.
7. vrai   faux   Plusieurs scènes du film *Comme une image* ont été tournées dans des cafés.
8. vrai   faux   Ces scènes ne sont malheureusement pas représentatives de la culture française.
9. vrai   faux   Selon le film, il est très rare de rencontrer des collègues dans les cafés.
10. vrai faux   En revanche le film montre que les cafés sont des endroits idéaux pour rencontrer des amis.

Composition

Dans son ombre. Une jeune femme vit dans l'ombre de son père. Pourra-t-elle échapper à son ombre ? Racontez l'histoire de cette jeune femme et inspirez-vous de l'histoire de Lolita. Utilisez **les adverbes et les pronoms relatifs** dans votre histoire.

Avant d'écrire :	Faites une liste du vocabulaire et des structures grammaticales que vous allez utiliser dans votre composition.
	Faites un plan avec une introduction, des idées principales et une conclusion.
Ecrivez :	Suivez votre plan et utilisez le manuel pour vérifier le vocabulaire et la grammaire.
	Evitez les répétitions : cherchez des synonymes et variez la longueur des phrases.
Après avoir écrit :	Relisez votre composition : cherchez les fautes d'orthographes et vérifiez les accents.
	Est-ce que le contenu est bon (une bonne variété de vocabulaire et de structures grammaticales) ?
	Est-ce que le contenu est présenté de manière logique ?
	Est-ce que la composition est originale et intéressante ?

Chapitre 8

Exercices de vocabulaire

A. *Définitions.* Reliez la définition à droite avec la personne à gauche.

_____ 1. banlieusard   A. Une personne qui arrive dans un pays étranger pour y vivre.
_____ 2. bonne   B. Une personne qui représente son pays à l'étranger.
_____ 3. coursier   C. Une personne qui fait des études.
_____ 4. diplomate   D. Une employée de maison chargée des tâches ménagères.
_____ 5. étudiant   E. Une personne qui soigne des malades.
_____ 6. gynécologue   F. Un membre de la police.
_____ 7. immigré   G. Une personne qui livre des lettres ou des paquets.
_____ 8. infirmière   H. Une personne qui revend de la drogue.
_____ 9. policier   I. Un médecin spécialiste en gynécologie.
_____ 10. revendeur de drogue J. Une personne qui habite en banlieue.

B. *Jeunes gens.* Inventez les portraits des jeunes gens ci-dessous. Utilisez *le vocabulaire* du film.

un jeune coursier
Age :
Lieu de résidence :
Caractère :
Habillement :
Routine quotidienne :
Centres d'intérêt :

un jeune étudiant en droit
Age :
Lieu de résidence :
Caractère :
Habillement :
Routine quotidienne :
Centres d'intérêt :

C. **Chronologie.** Mettez les phrases suivantes en ordre chronologique.

_____ Les deux hommes sont surpris.

_____ La jeune femme sort avec les deux hommes.

_____ La jeune femme invite les deux hommes chez elle pour leur dire qu'elle est enceinte.

_____ Un des hommes décide tout de suite d'aider la jeune femme.

_____ Une jeune femme rencontre deux hommes à une soirée.

_____ L'autre homme a peur de ses responsabilités. Quelques mois plus tard, il décide d'aider la jeune femme aussi.

_____ La jeune femme apprend qu'elle est enceinte.

_____ La jeune femme accouche du bébé.

Après avoir visionné

Compréhension générale

A. Chronologie. Mettez les phrases suivantes en ordre chronologique.

_____ Après avoir vu Jamal à *Free Time*, Félix veut lui aussi montrer qu'il peut être un bon père.

_____ Elle sort avec les deux hommes.

_____ Lola invite les deux hommes chez elle pour leur dire que l'un d'eux est le père de son bébé.

_____ Lola va à une soirée à la fac.

_____ Les trois jeunes gens décident de vivre ensemble et Lola accouche du bébé avec l'aide de ses deux amis.

_____ Elle apprend qu'elle est enceinte.

_____ Elle y rencontre deux hommes qu'elle aime beaucoup.

_____ Jamal quitte l'université pour prouver à Lola qu'il peut être un bon père.

B. Personnages. Reliez les descriptions à droite avec *les personnages* à gauche.

_____ 1. Lola   A. Ce sont des diplomates africains.

_____ 2. la grand-mère   B. C'est le jeune étudiant musulman.

_____ 3. Jamal   C. C'est le jeune coursier juif.

_____ 4. les parents de Jamal   D. C'est le frère de Félix.

_____ 5. Marilyne   E. C'est la jeune femme antillaise qui est enceinte.

_____ 6. Félix   F. C'est la bonne qui travaille pour la famille de Jamal.

_____ 7. les grands-parents de Félix   G. C'est l'homme pour qui Félix travaille.

_____ 8. Max   H. Ce sont les gens avec qui Félix habite.

_____ 9. Sarah   I. C'est une femme qui soutient Lola pendant sa grossesse.

_____ 10. Maurice   J. C'est la sœur de Félix.

C. *La famille*. Utilisez le vocabulaire ci-dessous pour parler des familles du film.

vocabulaire				
son frère	sa grand-mère	sa mère	son père	sa tante
une grande famille	ses grands-parents	ses parents	sa sœur	

1. Lola habite le même immeuble que _____. _____ habite toujours à la Martinique. On ne sait pas où _____ habite.

2. Jamal habite un grand appartement avec _____. _____ l'appelle pour lui dire qu'il ne sait pas quand il rentrera d'Afrique. _____ veut lui parler aussi parce qu'elle est contente qu'on ait besoin de son mari en Afrique.

3. Félix a _____. Il habite un appartement avec _____ et _____. Il partage une chambre avec _____. _____ n'habite pas avec eux mais il voit souvent Félix.

D. **Profil.** Complétez le tableau suivant.

Profil de *Métisse*

Titre :

Genre :

Année de production :

Réalisateur :

Lieu d'action :

3 événements principaux :
1.
2.
3.

5 mots clés :
1.
2.
3.
4.
5.

Sommaire (une phrase) :

Anecdote :

Exercices de vocabulaire

A. *Jeunes gens.* Comment sont les personnages du film ? Complétez leurs fiches de renseignements avec *le vocabulaire* du film.

Jamal Saddam Abossolo M'bo

Résidence :

Age :

Origine :

Situation familiale :

Religion :

Education / travail :

Sports :

Loisirs :

Félix Labinskobinsky

Résidence :

Age :

Origine :

Situation familiale :

Religion :

Education / travail :

Sports :

Loisirs :

Lola Mauduech

Résidence :

Age :

Origine :

Situation familiale :

Religion :

Education / travail :

Sports :

Loisirs :

Grammaire

8.1 – Le futur simple et le futur antérieur

A. Chez Lola. Racontez le début du film *au futur simple*.

Lola _____ (inviter) Jamal et Félix à dîner chez elle. Jamal _____ (prendre) un taxi pour aller chez Lola. Félix n'_____ (avoir) pas assez d'argent pour prendre un taxi. Il _____ (aller) chez Lola à vélo. Les deux hommes _____ (arriver) en même temps. Félix _____ (essayer) de composer le code de l'immeuble, il l'_____ (oublier) et Jamal _____ (devoir) le lui donner. Ils _____ (entrer) dans l'immeuble en même temps. Félix _____ (avoir) du mal à entrer dans l'ascenseur avec son vélo. Ils _____ (être) surpris parce qu'ils _____ (aller) tous les deux à la même porte. Mais ce ne _____ (être) pas la seule surprise de leur journée !

B. Futur antérieur. Conjugués les verbes suivants *au futur antérieur*.

1. elles / aller _____
2. ils / avoir _____
3. nous / être _____
4. elle / faire _____
5. tu / devoir _____
6. vous / partir _____
7. ils / se disputer _____
8. elles / prendre _____
9. je / finir _____
10. tu / rentrer _____
11. vous / quitter _____
12. elle / arriver _____
13. nous / vouloir _____
14. ils / se débrouiller _____

C. Préparations. Racontez ce que Lola aura déjà fait quand Jamal et Félix arriveront chez elle. Utilisez *le futur antérieur*.

Quand Jamal et Félix arriveront chez Lola...

1. Elle _____ (aller) chez le gynécologue.
2. Elle _____ (apprendre) qu'elle est enceinte.
3. Elle _____ (parler) avec sa mère et avec sa grand-mère de la situation.
4. Elles _____ (discuter) de ce qu'il faudra faire.
5. Lola _____ (décider) de garder l'enfant.
6. Elle _____ (réfléchir) à comment dire à Jamal et à Félix qu'elle est enceinte.
7. Elle _____ (se préparer / déjà) pour leur réponse à cette nouvelle.
8. Elle _____ (prévoir) les problèmes éventuels.

Cinéphile   Métisse

D. Repas. Jamal et Félix aident Lola. Décrivez ce qui se passe. Utilisez **le futur simple** ou **le futur antérieur** selon le contexte.

Si Lola veut de l'aide, elle _____ (devoir) avoir de la patience ! Par exemple, Félix _____ (essayer) de préparer un bon repas quand il _____ (être) chez elle. Pourtant, après qu'il _____ (partir), Lola _____ (jeter) le repas dans la poubelle. Si elle a faim plus tard, elle _____ (demander) à Jamal de lui préparer quelque chose à manger. Jamal _____ (avoir) aussi du mal quand il _____ (faire) les repas. Dès qu'il _____ (sortir) de l'appartement, Lola _____ (chercher) quelque chose à manger. Pauvre Lola ! Elle _____ (manger / ne…rien) quand les hommes _____ (être) chez elle ! Elle _____ (avoir) très faim !

8.2 – Le conditionnel présent et passé

A. Lola ! Lola devient un peu tyrannique pendant sa grossesse. Complétez ses ordres avec **le conditionnel présent** des verbes entre parenthèses.

Jamal, tu _____ (devoir) rentrer vers 3 heures cet après-midi parce que je _____ (vouloir) aller au gymnase. Je/j'_____ (aimer) aussi voir un film au cinéma ce soir. Félix, tu _____ (pouvoir) faire les courses ce matin. Fais attention à ce que tu achètes parce que nous _____ (préférer) avoir un repas comestible ce soir ! Ecoutez vous deux ! Je n'ai pas fini. Vous _____ (devoir) aider ma grand-mère à faire le ménage. Elle _____ (pouvoir) vous donner des conseils !

B. Conditionnel passé. Conjuguez les verbes suivants *au conditionnel passé*.

1. elles / aller _____
2. ils / avoir _____
3. nous / être _____
4. elle / faire _____
5. tu / devoir _____
6. vous / partir _____
7. ils / se disputer _____
8. elles / prendre _____
9. je / finir _____
10. tu / rentrer _____
11. vous / quitter _____
12. elle / arriver _____
13. nous / vouloir _____
14. ils / se débrouiller _____

C. *Le vie réelle.* Certains pensent que le film est trop idéaliste et vous imaginez leurs réponses aux questions ci-dessous. Utilisez *le conditionnel passé*.

1. Est-ce que Jamal et Félix auraient été contents de se rencontrer ?
   _____

2. Est-ce que Lola aurait pu se débrouiller toute seule ?
   _____

3. Est-ce que Jamal aurait quitté l'université pour travailler dans un fast-food ?
   _____

4. Est-ce que Félix aurait aidé Lola plus tôt ?
   _____

5. Est-ce que les trois jeunes gens auraient vécu dans l'appartement des parents de Jamal ?
   _____

D. *Recommandations.* Dites ce que les personnages auraient dû, auraient pu et auraient voulu faire en complétant les phrases avec *le conditionnel passé* des verbes.

1. Après avoir annoncé sa grossesse : Lola / pouvoir
   _____

2. Après avoir annoncé sa grossesse : Lola / devoir
   _____

3. Après avoir appris que Lola était enceinte : Félix / devoir
   _____

4. Après avoir appris que Lola était enceinte : Jamal / vouloir
   _____

5. Avant la naissance du bébé : Lola, Félix et Jamal / aimer
   _____

8.3 – Le verbe devoir

A. Temps et modes. Traduisez les phrases suivantes avec le temps et le mode du verbe **devoir** qui conviennent.

1. I must do… _____
2. I have to do… _____
3. I am supposed to do… _____
4. I owe… _____
5. You are probably doing… _____
6. You must be doing… _____
7. You will have to do… _____
8. You probably did… _____
9. We must have done… _____
10. We had to do… _____
11. We used to have to do… _____
12. We were supposed to do… _____
13. He probably did do… _____
14. He should do… _____
15. He should have done… _____

B. Lola, Jamal et Félix. Complétez le tableau suivant avec les formes du verbe **devoir** qui conviennent.

Le verbe devoir – les temps et les modes	
Traduction	**Exemple**
will have to	Lola _____ dire à Jamal et à Félix qu'elle est enceinte.
have to (must)	Les hommes _____ l'aider !
supposed to	Félix _____ rentrer chez lui pour le sabbat.
probably be / do (must be)	Il _____ passer le sabbat avec sa famille le vendredi soir.
owe	Il n'a jamais d'argent et il _____ beaucoup d'argent à Maurice.
probably did (must have)	Lola _____ en avoir assez des hommes parce qu'elle est partie.
had to	Ils _____ faire les courses et le ménage pour la grand-mère de Lola.
used to have to	Félix _____ partager une chambre avec sa sœur.
was supposed to	Il _____ inviter Lola et Jamal chez lui pour dîner avec sa famille.
probably was / did	Ils ne sont pas allés chez lui ? Ils _____ être trop fatigués.
should	Lola _____ habiter avec Jamal et avec Félix parce qu'elle se sent seule.
should have	A mon avis, ils _____ habiter ensemble dès le début !

Métisse Cinéphile

8.4 – Les phrases conditionnelles

A. Si + présent. Complétez les phrases suivantes. Utilisez **le présent, l'impératif** ou **le futur** dans vos réponses.

1. Si vous vous disputez, je _____ (aller – présent) chez ma grand-mère !

2. Si vous vous disputez, _____ (quitter – impératif) mon appartement !

3. Si vous vous disputez, vous _____ (devoir – futur) partir !

B. Si + passé composé. Complétez les phrases suivantes. Utilisez **le passé composé, l'imparfait, le présent, l'impératif** ou **le futur** dans vos réponses.

1. Si Félix n'est pas rentré, il _____ (devoir – passé composé) avoir une bonne raison.

2. Si Félix n'est pas rentré, c'_____ (être – imparfait) pour une bonne raison.

3. Si Félix n'est pas rentré, il _____ (falloir – présent) aller le chercher.

4. Si Félix n'est pas rentré, _____ (aller – impératif) le chercher !

5. Si Félix n'est pas rentré, tu _____ (devoir – futur) aller le chercher.

C. Si + imparfait. Complétez les phrases suivantes. Utilisez **le conditionnel présent** dans vos réponses.

1. Si Lola s'inquiétait, elle _____ (appeler – conditionnel présent) Jamal ou Félix.

2. Si elle voulait voir ses copains, elle _____ (aller – conditionnel présent) à la boîte de nuit.

3. Si elle avait besoin de quelque chose, elle _____ (pouvoir – conditionnel présent) demander de l'aide à sa grand-mère.

D. Si + plus-que-parfait. Complétez les phrases suivantes. Utilisez **le conditionnel passé** dans vos réponses.

1. Si Félix n'était pas allé à la soirée, il _____ (rencontrer – conditionnel passé) Lola.

2. Si Jamal avait révisé au lieu de sortir, il _____ (voir – conditionnel passé) Lola à la soirée.

3. Si Lola n'avait pas appelé les hommes, ils _____ (ne...pas / se rencontrer – conditionnel passé).

Cinéphile   Métisse

8.5 – La concordance des temps

A. Révision des temps et des modes. Conjuguez les verbes entre parenthèses aux temps et aux modes indiqués.

Temps / mode		Formation	Exemple
Passé	passé composé	avoir au présent + participe passé	*exemple avec avoir :* Lola _____ (inviter) Félix et Jamal à lui rendre visite.
		être au présent + participe passé	*exemple avec être :* Félix et Jamal _____ (arriver) en même temps.
		être au présent + participe passé	*exemple avec un verbe pronominal :* Lola _____ (se préparer) pour leur arrivée.
	imparfait	radical (nous –ons) + ais, ais, ait, ions, iez, aient	Autrefois, Lola _____ (parler) souvent avec sa mère.
		seul verbe irrégulier : être (ét-)	Elle n'_____ pas contente de ne pas parler avec sa mère.
	plus-que-parfait	avoir à l'imparfait + participe passé	*exemple avec avoir :* Lola _____ (réfléchir) à sa situation.
		être à l'imparfait + participe passé	*exemple avec être :* Elle _____ (être) chez le médecin.
		être à l'imparfait + participe passé	*exemple avec un verbe pronominal :* Elle _____ (se préparer) pour les résultats.
Présent	présent	radical + e, es, e, ons, ez, ent	*exemple avec un verbe régulier en –er :* Félix _____ (travailler) comme coursier.
		radical + is, is, it, issons, issez, issent	*exemple avec un verbe régulier en –ir :* Quand il _____ (finir) son travail, il va à la boîte de nuit.
		radical + s, s, ∅, ons, ez, ent	*exemple avec un verbe régulier en –re :* Max l'_____ (attendre) à la boîte de nuit.
	subjonctif	radical (ils –ent) + e, es, e, ions, iez, ent	*exemple avec un verbe régulier :* Il faut qu'il _____ (finir) son travail avant de sortir.

Futur	futur simple	radical (infinitif) + ai, as, a, ons, ez, ont	*exemple avec un verbe régulier :* Jamal _____ (montrer) à Lola qu'il est responsable.
	futur antérieur	*avoir* au futur + participe passé	*exemple avec avoir :* Jamal _____ (quitter) l'université.
		être au futur + participe passé	*exemple avec être :* Il _____ (aller) à *Free Time*.
		être au futur + participe passé	*exemple avec un verbe pronominal :* Il _____ (se débrouiller) sans l'aide de ses parents.
Conditionnel	présent	radical (infinitif) + ais, ais, ait, ions, iez, aient	*exemple avec un verbe régulier :* Ils _____ (vouloir) être ensemble.
	passé	*avoir* au conditionnel + participe passé	*exemple avec avoir :* S'il avait pu, Félix _____ (quitter) la banlieue.
		être au conditionnel + participe passé	*exemple avec être :* S'il avait voulu, Jamal _____ (aller) la voir plus souvent.
		être au conditionnel + participe passé	*exemple avec un verbe pronominal :* Si elle avait su plus tôt, elle _____ (se préparer) pour sa grossesse.

B. Passé. Complétez les phrases du tableau d'une manière logique. La proposition principale est *au passé*. Faites très attention *au temps* et *au mode* de la proposition subordonnée.

Passé	**Antériorité**	plus-que-parfait	Elle a su que _____ .
	Simultanéité	passé composé	Lola dormait quand _____ .
		imparfait	Elle espérait que _____ .
	Postériorité	subjonctif (présent)	Lola était contente que _____ .
		conditionnel présent	Lola a dit que _____ .
		conditionnel passé	Jamal et Félix ont appris que _____ .

Cinéphile   Métisse

C. Présent. Complétez les phrases du tableau d'une manière logique. La proposition principale est *au présent.* Faites très attention *au temps* et *au mode* de la proposition subordonnée.

Présent	Antériorité	passé composé	Félix oublie que _____.
		imparfait	Il ne sait pas que _____.
	Simultanéité	subjonctif (présent)	Lola est triste que _____.
		présent	Elle affirme que _____.
	Postériorité	subjonctif (présent)	Jamal veut que _____.
		futur simple	Il sait que _____.

D. Futur. Complétez les phrases du tableau d'une manière logique. La proposition principale est *au futur.* Faites très attention *au temps* et *au mode* de la proposition subordonnée.

Futur	Antériorité	passé composé	Félix ne débarrassera pas la table quand _____.
		imparfait	Il dira à Jamal que _____.
		futur antérieur	Il apprendra que _____.
	Simultanéité	subjonctif (présent)	Jamal et Félix douteront que _____.
		présent	Ils feront les courses et le ménage pendant que _____.
		futur simple	Ils auront envie d'aider Lola quand _____.

Traduction

Français → anglais

A. Mots et expressions. Traduisez les mots et les expressions suivantes **en anglais**.

1. un quartier _____
2. un quartier privilégié _____
3. un quartier défavorisé _____
4. un quartier chaud _____
5. le centre-ville _____
6. la banlieue _____
7. un immeuble _____
8. les HLM _____
9. un jeune de banlieue _____
10. une bande _____

B. Phrases. Traduisez les phrases suivantes **en anglais**.

1. Les jeunes habitent les HLM. _____
2. Ils habitent les quartiers défavorisés. _____
3. Les immeubles chics sont en centre-ville. _____
4. Nous devrions faire quelque chose. _____
5. C'est un quartier chaud. _____

Anglais → français

A. Mots et expressions. Traduisez les mots et les expressions suivantes **en français**.

1. unemployment _____
2. discrimination _____
3. violence _____
4. victim _____
5. solution _____
6. to change _____
7. to earn _____
8. to get angry _____
9. to disagree / to fight _____
10. to increase _____

B. Phrases. Traduisez les phrases suivantes *en français*.

1. There is a crisis. _____
2. They earn money. _____
3. The young man sells drugs. _____
4. He is having trouble finding a job. _____
5. They spend their evenings in night clubs. _____

C. Banlieue. Voilà un extrait d'un article sur la banlieue. Traduisez-le *en français*.

The Suburbs in Crisis
-Paris – Jean-Michel Déripou

There is a crisis in the suburbs of Paris. The youths in the suburbs are unemployed. Despite their good intentions, they are having trouble finding a job. How can they earn money ? What is their solution ? They sell drugs in order to have a little pocket money. We see them in the streets. They wander around all day. We see them in the night clubs where they spend their evenings. They get angry and they fight with each other. The violence is increasing.
According to a recent study, more and more often the youths from the suburbs are the first victims of unemployment, discrimination and violence. We should do something ! Let's work together to change the lives of these youths.

_____
-Paris – Jean-Michel Déripou

_____
_____
_____
_____
_____
_____
_____
_____

Photo

A. Détails. Regardez l'image et choisissez les bonnes réponses.

1. Où est-ce que cette scène a lieu ?
    a. à l'hôpital
    b. à l'aéroport
    c. à la fac

2. Quand est-ce que cette scène a lieu ?
    a. Elle a lieu vers le début du film.
    b. Elle a lieu vers le milieu du film.
    c. Elle a lieu vers la fin du film.

3. Lola est contente de voir ses amis mais…
    a. ils ne sont pas contents de la voir.
    b. ils sont pressés parce qu'ils partent.
    c. elle ne va pas rentrer avec eux.

B. Chronologie. Mettez les phrases suivantes en ordre chronologique.

_____ Les deux hommes discutent de comment ils ont rencontré Lola.

_____ Lola passe par les deux jeunes hommes et elle quitte l'aéroport.

_____ Lola part pour la Martinique sans prévenir Jamal et Félix.

_____ Lola rentre à Paris et elle arrive à l'aéroport où elle voit ses deux amis.

_____ Jamal rentre à Paris. Il voit Félix qui fait de l'autostop.

C. En général. Répondez aux questions suivantes. Ecrivez deux ou trois phrases.

1. Faites une description de la photo. Qu'est-ce qui se passe ?

_____
_____
_____
_____

2. Donnez un titre à la photo. Justifiez votre choix.

_____
_____
_____

Cinéphile   **Métisse**

D. Aller plus loin. Ecrivez un paragraphe pour répondre aux questions suivantes.

1. Où se trouve Lola sur la photo ? Pourquoi ?

   _____
   _____
   _____
   _____
   _____
   _____

2. La photo met l'accent sur les différences entre Félix et Jamal. Décrivez ces différences.

   _____
   _____
   _____
   _____
   _____
   _____
   _____
   _____

Jeux

A. *Verlan.* Le verlan est une forme d'argot utilisée par les jeunes de banlieue. Pour former l'argot, les jeunes divisent un mot en syllabes et ils renversent les syllabes. Choisissez le mot verlanisé logique pour compléter les exemples ci-dessous.
Notez bien que ces expressions sont vulgaires et qu'elles devraient être utilisées avec discrétion !

Modèle : l'envers → l'en vers → vers l'en → ____verlan____

Vocabulaire				
beur	chébran	jourbon	ripou	turvoi
ça chémar	deban	keun	téci	zarbi
céfran	féca	meuf	tromé	zyva

mot d'origine		division syllabique		renversement des syllabes		résultat
1. arabe	→	a ra be	→	be ra a	→	_____
2. bande	→	ban de	→	de ban	→	_____
3. bizarre	→	bi zarre	→	zarre bi	→	_____
4. bonjour	→	bon jour	→	jour bon	→	_____
5. branché	→	bran ché	→	ché bran	→	_____
6. ça marche	→	ça mar che	→	ça che mar	→	_____
7. café	→	ca fé	→	fé ca	→	_____
8. cité	→	ci té	→	té ci	→	_____
9. femme	→	fe mme	→	mme fe	→	_____
10. français	→	fran çais	→	çais fran	→	_____
11. mec	→	me c(e)	→	c(e) me	→	_____
12. métro	→	mé tro	→	tro mé	→	_____
13. pourri	→	pou ri	→	ri pou	→	_____
14. vas-y	→	va sy	→	sy va	→	_____
15. voiture	→	voi ture	→	ture voi	→	_____

B. *Langage familier.* Déterminez si les phrases suivantes sont vraies ou fausses.

1. vrai faux   Le verlan est une forme d'argot.
2. vrai faux   Le verlan est aussi une sorte de code utilisé pour cacher ce qu'on dit.
3. vrai faux   Le verlan est employé par toutes les classes sociales.
4. vrai faux   On peut utiliser le verlan avec les amis, les professeurs, les étrangers, etc.

5.	vrai	faux	On trouve le verlan dans le rap.
6.	vrai	faux	Pour verlaniser un mot, il faut d'abord diviser le mot en syllabes.
7.	vrai	faux	Après avoir divisé le mot en syllabes, on remplace une syllabe par une autre syllabe.
8.	vrai	faux	Après avoir divisé le mot en syllabes, on renverse l'ordre des syllabes.
9.	vrai	faux	Il faut quelquefois ajouter des sons pour que le mot sonne bien.
10.	vrai	faux	Il est très facile de comprendre et de créer des mots verlanisés !

C. *Rap.* Félix écrit une chanson à soumettre au concours *Le Rap en Banlieue*. Suivez les règles sur l'affiche ci-dessous pour écrire sa chanson.

SAINT-DENIS RAP EN BANLIEUE CONCOURS

Le but de ce concours est de produire une chanson qui promeut un aspect positif de la vie en banlieue. Suivez les règles ci-dessous pour soumettre votre chanson*.

Règles générales

1. Suivez le plan ci-dessous pour écrire votre chanson :

1re strophe
Vous vous présentez (nom, âge, nationalité, lieu de résidence, etc.).

2e strophe
Présentez votre banlieue (où se trouve-t-elle ? comment est-elle ? etc.).

3e strophe
Parlez d'un problème de votre banlieue.

4e – 6e strophes
Proposez des solutions à ce problème.

Refrain
Développez un message positif qui résume l'intérêt principal de votre chanson.

2. Envoyez-nous votre chanson.

*Vous devez être résident/e de France entre 17 – 24 ans pour participer au concours.

Culture

A. Religions. Relisez la note culturelle, la lecture et les activités sur la religion et répondez aux questions suivantes.

1. Quel est le pourcentage de Français qui sont croyants ?

2. Quelle est la première religion en France ?

3. Quelle est la deuxième religion en France ?

4. Combien de Juifs y a-t-il en France ?

5. Quel(s) personnage(s) du film représente(nt) le christianisme ?

6. Est-ce que ce(s) personnage(s) est (sont) pratiquant(s) ?

7. Quel(s) personnage(s) du film représente(nt) l'islam ?

8. Est-ce que ce(s) personnage(s) est (sont) pratiquant(s) ?

9. Quel(s) personnage(s) du film représente(nt) le judaïsme ?

10. Est-ce que ce(s) personnage(s) est (sont) pratiquant(s) ?

B. Immigration. Relisez la note culturelle, la lecture et les activités sur l'immigration et déterminez si les phrases suivantes sont vraies ou fausses.

1. vrai faux   La France est un pays qui accueille des immigrés.
2. vrai faux   Les immigrés viennent en France pour des raisons économique, politique ou professionnelle.
3. vrai faux   Il n'y a jamais de polémique autour de l'immigration.
4. vrai faux   Tous les Français sont pour l'immigration.
5. vrai faux   La plupart des immigrés sont d'Amérique.
6. vrai faux   Beaucoup d'immigrés sont d'Algérie, du Maroc et de Tunisie.
7. vrai faux   L'immigration venue d'Asie baisse.
8. vrai faux   Il n'y a plus d'immigrés d'Europe.
9. vrai faux   Les immigrés habitent souvent la banlieue.
10. vrai faux   Les immigrés ont quelquefois du mal à s'intégrer dans la société française.

C. Banlieue. Vous savez qu'il y a beaucoup de problèmes dans les banlieues parisiennes. Vous voudriez donner de l'espoir aux jeunes de banlieue. Qu'est-ce que vous feriez pour améliorer leur vie ? Donnez quelques exemples pour les rubriques ci-dessous.

1. le logement : _____

2. les espaces verts : _____

3. l'éducation : _____

4. les arts : _____

5. le chômage : _____

6. la violence : _____

Composition

Sommaire. Vous venez d'être embauché/e à *Monsieur Cinéma*. Vous êtes chargé/e de la création des sommaires des films de Mathieu Kassovitz. Votre premier sommaire est sur son premier film, *Métisse*. Ecrivez ce sommaire au passé, au présent ou au futur. Utilisez **le *futur simple*** et ***le futur antérieur, le conditionnel présent*** et ***le conditionnel passé, le verbe devoir*** et ***les phrases conditionnelles***. Faites très attention à ***la concordance des temps*** !

Avant d'écrire :	Faites une liste du vocabulaire et des structures grammaticales que vous allez utiliser dans votre sommaire. Faites un plan des événements principaux du film. Préparez une introduction et une conclusion.
Ecrivez :	Suivez votre plan et utilisez le manuel pour vérifier le vocabulaire et la grammaire. Evitez les répétitions : cherchez des synonymes et variez la longueur des phrases.
Après avoir écrit :	Relisez votre sommaire : cherchez les fautes d'orthographes et vérifiez les accents. Est-ce que le contenu est bon (une bonne variété de vocabulaire et de structures grammaticales) ? Est-ce que le contenu est présenté de manière logique ? Est-ce que le sommaire est original et intéressant ?

Cinéphile   **Métisse**

Chapitre 9

Exercices de vocabulaire

A. Définitions. Reliez la définition à droite avec la personne à gauche.

_____ 1. assassin   A. Un homme politique qui s'occupe de l'administration.

_____ 2. collaborateur   B. Une personne qui haït une autre personne.

_____ 3. ennemi   C. Un membre de la Résistance.

_____ 4. espion   D. Une personne qui est enfermé dans une prison.

_____ 5. évadé   E. Une personne qui aide l'ennemi.

_____ 6. homme politique   F. Une personne qui s'échappe de quelque part.

_____ 7. menteur   G. Une personne qui tue une autre personne.

_____ 8. ministre   H. Une personne qui ne dit pas la vérité.

_____ 9. prisonnier   I. Une personne qui obtient clandestinement des renseignements.

_____ 10. résistant   J. Une personne qui s'occupe des affaires d'un pays.

B. Gens. Complétez les phrases suivantes avec le vocabulaire ci-dessous, puis utilisez *le vocabulaire* du film pour décrire les gens que vous connaissez qui correspondent à la description.

vocabulaire					
blesser	différences	malhonnête	obtenir	soutient	vouloir
cause	exagérations	mensonges	résultat	vérité	

1. Un menteur est une personne _____ qui ne dit pas la _____ même si ses _____ peuvent _____ quelqu'un.

   Je connais des menteurs. Ils sont _____.

2. Un manipulateur est une personne qui dit des choses (des _____, des mensonges, etc.) afin d'_____ un certain _____.

   Je connais des manipulateurs. Ils sont _____.

3. Un ami est une personne qui aide quelqu'un sans _____ quelque chose en échange.

   J'ai plusieurs amis. Ils sont _____.

4. Un ennemi est quelqu'un qui n'aime pas une autre personne à cause de certaines _____.

   Je connais des ennemis. Ils sont _____.

5. Un partisan est une personne qui _____ une _____.

   Je connais des partisans. Ils sont _____.

C. Chronologie. Mettez les phrases suivantes en ordre chronologique.

_____ Il a malheureusement un accident de voiture.

_____ Quand il arrive chez son amie, ils décident de mettre l'homme mort dans sa voiture.

_____ Elle a peur et elle appelle un ancien ami pour lui demander de l'aide.

_____ Après son accident de voiture, il est arrêté. C'est le début de ses aventures !

_____ Son ami veut l'aider et il va tout de suite chez elle.

_____ Au début, une actrice célèbre tue un homme.

_____ Il monte dans la voiture et il part. Il fait très mauvais et il a du mal à voir la rue.

Après avoir visionné

Compréhension générale

A. Chronologie. Mettez les phrases suivantes en ordre chronologique.

_____ Au cours des journées difficiles, Camille découvre la gentillesse et la générosité des deux « criminels ».

_____ Frédéric met Arpel dans le coffre de sa voiture et il part.

_____ La police arrête Frédéric mais il réussit à s'évader la veille de l'entrée des Allemands dans Paris.

_____ Camille réussit à livrer l'eau lourde mais elle ne va pas en Angleterre avec Frédéric.

_____ Viviane tue Arpel et elle appelle Frédéric pour lui demander de l'aider à se débarrasser du corps.

_____ Frédéric fuit à Bordeaux. Il retrouve Raoul et il fait la connaissance de Camille pendant son voyage.

_____ Deux ans plus tard, Frédéric et Camille se retrouvent. Ils découvrent qu'ils sont tous les deux membres de la Résistance et qu'ils s'aiment !

_____ Frédéric a du mal à voir la rue et les autres voitures. Il a un accident.

B. *Personnages*. Reliez les descriptions à droite avec ***les personnages*** à gauche.

_____ 1. Viviane   A. C'est un voyou qui aide Frédéric à s'évader.

_____ 2. Frédéric   B. C'est un Juif apatride qui essaie de livrer l'eau lourde.

_____ 3. Jean-Etienne   C. C'est l'espion allemand qui aime Viviane.

_____ 4. Raoul   D. C'est l'assistant qui attend le coup de fil de sa mère.

_____ 5. Camille   E. C'est le ministre qui tombe amoureux de Viviane.

_____ 6. le professeur Kopolski   F. C'est une assistante en physique qui croit à la Résistance.

_____ 7. Monsieur Girard   G. C'est une actrice qui ne se soucie que d'elle-même.

_____ 8. Monsieur Brémond   H. C'est le neveu d'André qui agresse Viviane.

_____ 9. Alex Winckler   I. C'est le chef de cabinet qui aide Camille et le professeur.

_____ 10. Thierry Arpel   J. C'est un ancien ami de Viviane qui n'aurait pas dû l'aider.

Cinéphile **Bon Voyage**

C. La guerre. Utilisez le vocabulaire ci-dessous pour parler de la Seconde Guerre mondiale.

vocabulaire				
des appels	capitule	démissionne	s'installe	soutiennent
l'armistice	le chef	l'exode	misère	zones
camps de concentration	déclare la guerre	fuient	la Résistance	

Le 3 septembre 1939, la France _____ à l'Allemagne. Quelques mois plus tard, les populations du nord _____ avant que les Allemands n'entrent dans Paris. C'est _____. Le gouvernement français _____ à Bordeaux. Paul Reynaud _____ et le Maréchal Pétain devient _____ du gouvernement. Le 22 juin 1940, Pétain signe _____ avec l'Allemagne. La France est coupée en deux _____. Certains Français veulent continuer le combat contre l'Allemagne. Ces Français _____ Charles de Gaulle qui fait _____ radiophoniques aux Français. C'est _____. La guerre continue jusqu'au 8 mai 1945 quand l'Allemagne _____ officiellement. Le bilan est grave : 6 millions de Juifs ont été exterminés dans les _____ et plus de 50 millions de gens sont morts pendant ces six années de _____.

D. Profil. Complétez le tableau suivant.

Profil de *Bon Voyage*

Titre :

Genre :

Année de production :

Réalisateur :

Lieu d'action :

3 événements principaux :
   1.
   2.
   3.

5 mots clés :
   1.
   2.
   3.
   4.
   5.

Sommaire (une phrase) :

Anecdote :

Exercices de vocabulaire

A. Crimes. Certaines actions des personnages du film sont criminelles. Réfléchissez au genre de crime commis (un crime moral, une infraction à la loi française ou allemande) et à la punition des personnages ci-dessous. Utilisez *le vocabulaire* du film pour répondre aux questions ci-dessous et pour compléter le tableau.

	Réfléchissez			
\multicolumn{5}{l}{Quelle est la différence entre un crime moral et une infraction à la loi ? Est-ce que l'un est plus grave que l'autre ? Qui commet le crime le plus grave au cours du film ? Pourquoi ? Qui blesse le plus de gens ? Expliquez.}				

		crimes		
personnage	crime (s)	crime moral	infraction à la loi	punition
Viviane	l'assassinat d'Arpel			
	le refus de dire la vérité à la police			
	les mensonges dits à Frédéric			
	la manipulation de Jean-Etienne			
Frédéric	la complicité dans l'assassinat d'Arpel			
	l'évasion de prison			
	la participation à la livraison de l'eau			
	l'assassinat d'un policier allemand			
	la participation à la Résistance			
Raoul	l'évasion de prison			
	la participation à la livraison de l'eau			
Camille	la participation à la livraison de l'eau			
	la participation à la Résistance			
Kopolski	la participation à la livraison de l'eau			
	la participation à la Résistance			
	être Juif apatride			
Girard	la participation à la livraison de l'eau			
	la participation à la Résistance			
Brémond	la participation à la livraison de l'eau			
	la participation à la Résistance			

B. Dossiers. Il n'y a pas de secrets pendant l'Occupation ! Les Allemands ont préparé des fiches sur les citoyens français et sur les étrangers qui habitent la France. Complétez les dossiers suivants avec des renseignements qui seraient utiles pour les Allemands. Utilisez *le vocabulaire du film*.

Viviane				
collaborateur/trice ou résistant/e	âge	métier	caractère	autre

Frédéric				
collaborateur/trice ou résistant/e	âge	métier	caractère	autre

Jean-Etienne				
collaborateur/trice ou résistant/e	âge	métier	caractère	autre

Raoul				
collaborateur/trice ou résistant/e	âge	métier	caractère	autre

Camille				
collaborateur/trice ou résistant/e	âge	métier	caractère	autre

Brémond				
collaborateur/trice ou résistant/e	âge	métier	caractère	autre

Alex				
collaborateur/trice ou résistant/e	âge	métier	caractère	autre

Grammaire

9.1 – Les adjectifs indéfinis

A. *Trajet.* Pendant le voyage à Bordeaux, Raoul rencontre Camille. Choisissez *l'adjectif indéfini* qui convient pour parler de leur trajet.

1. Raoul n'a **aucune / aucun** idée pourquoi Camille va à Angoulême et ensuite à Bordeaux.
2. Il pense qu'elle est comme **l'autre / les autres** Parisiens qui quittent la capitale.
3. Bien entendu, **certain / certains** parisiens ont des missions importantes à Bordeaux.
4. **D'autre / d'autres** Parisiens vont à Bordeaux pour fuir devant les Allemands.
5. Il y a seulement **quelques / quelque** trains qui partent pour Bordeaux.
6. Bien entendu, **chaque / chaques** train est plein de fuyards.
7. Malgré les **différents / différentes** raisons de fuir, on a le **même / mêmes** espoir : arriver à Bordeaux sans délai.
8. **Quel / quelle** que soit la raison pour laquelle on va à Bordeaux, **tout / tous** le monde est déçu de devoir descendre à Angoulême.
9. A Angoulême, Raoul observe que Camille rejoint un **certain / certains** homme distingué à la gare.
10. Il sait que Camille est une jeune femme extraordinaire et il serait très content de revoir une **tel / telle** jeune femme à l'avenir !

B. *L'eau lourde.* Complétez le passage suivant avec *les adjectifs indéfinis* qui conviennent.

Camille est une personne très sérieuse et elle a _____ soucis. Le professeur qu'elle veut surtout aider a les _____ soucis qu'elle. Au cours du film, ils croient avoir résolu le problème du transport de l'eau lourde _____ fois. Il y a malheureusement _____ personnes qui les empêchent d'accomplir leur mission. Il y a pourtant _____ personnes qui peuvent les aider à livrer l'eau lourde. Malgré _____ ceux qui veulent qu'ils réussissent, ils savent qu'une _____ mission n'est pas facile. _____ soient les difficultés, ils ne perdent jamais la foi et ils n'ont _____ doute qu'ils livreront l'eau lourde en dépit de _____ les risques.

Cinéphile — Bon Voyage

9.2 – Les pronoms indéfinis

A. Evasion. Répondez aux questions suivantes pour parler de l'arrestation et de l'évasion de Frédéric. Utilisez *les pronoms indéfinis* ci-dessous dans vos réponses.

pronoms indéfinis				
aucun	n'importe qui	personne	quelques-uns	rien

1. Est-ce que *quelqu'un* sait que Frédéric a été arrêté ?
   _____

2. Est-ce que Viviane fait *quelque chose* pour l'aider ?
   _____

3. Est-ce que Frédéric a *d'autres* amis qui peuvent l'aider ?
   _____

4. Est-ce que Raoul a les *mêmes* soucis que Frédéric ?
   _____

5. Qu'est-ce que Frédéric et Raoul feront pour s'évader de prison ?
   _____

B. Arrivée. Frédéric arrive à Bordeaux. Décrivez son arrivée en complétant le paragraphe suivant avec *les pronoms indéfinis* qui conviennent.

Quand Frédéric arrive à Bordeaux, il voit que la ville est chaotique. Les rues sont pleines de fuyards. _____ sont contents de retrouver leur famille. _____ sont désespérés. Tout le monde a l'air fatigué. On comprend pourquoi ! Certaines familles ont de la chance et elles dorment dans un hôtel, _____ n'ont pas de chance et elles dorment dans leur voiture. Frédéric est triste parce qu'il a l'impression qu'_____ développe la mentalité du _____ pour soi. Frédéric sent la tension dans la ville et il sait que _____ de grave aura lieu. Mais pour l'instant, _____ ne se passe. Il sait pourtant qu'il fera _____ pour protéger ses libertés en tant que Français.

9.3 – Les mots indéfinis

A. Bonheur. Parlez du bonheur de Viviane en transformant les phrases suivantes selon le modèle. Utilisez *le pronom indéfini* qui correspond à *l'adjectif indéfini* souligné.

Modèle : Viviane n'a **aucun** souci à part la quête de son bonheur.
Viviane n'en a aucun à part la quête de son bonheur.

1. Viviane rencontre beaucoup d'hommes et **chaque** homme veut la connaître.

   _____

2. **Certains** hommes pensent pourtant que Viviane est égocentrique.

   _____

3. **Plusieurs** hommes croient que c'est une femme sans conscience.

   _____

4. Elle a pourtant **quelques** amis qui veulent l'aider.

   _____

5. A la fin du film, on voit qu'elle profite de **n'importe quelle** situation pour assurer son bonheur.

   _____

B. Frédéric et Viviane. Lisez l'histoire de Frédéric et Viviane et barrez *le mot indéfini* qui ne va pas.

Il est vrai que Viviane a **quelques / quelques-uns** problèmes et qu'elle ferait **n'importe quel / n'importe quoi** pour assurer son bonheur. **Quelqu'un / quelque** a dit que c'est une femme sans conscience et **certains / aucun** pensent que Viviane est maligne. **Quelle que soit / quelques** l'opinion de **différentes / on** personnes, Viviane essaie de confronter **chacun / chaque** crise courageusement. Quand elle tue Arpel, Viviane n'a **aucune / autre** idée de la gravité de la situation ; elle ne sait même pas qu'elle a fait **quelque / quelque chose** de grave. **Personne / quelqu'un** ne sait pourquoi Frédéric veut aider Viviane. Il doit penser que Viviane a **mêmes / certaines** qualités. **Chaque / plusieurs** personnes pensent que Frédéric est un homme extraordinaire. Elles ont raison ! Il va **n'importe lequel / n'importe où**, à **n'importe quelle / quel que** heure pour sauver Viviane. Malgré sa fidélité, Frédéric apprend que Viviane n'a pas les **mêmes / certaines** sentiments que lui. Frédéric est quand même **quelque chose / quelqu'un** de bien et il trouvera une **autre / aucune** femme qui mérite son amour.

9.4 – Le passé du subjonctif

A. *Passé du subjonctif.* Conjugués les verbes suivants *au passé du subjonctif.*

1. qu'ils / avoir _____
2. que tu / partir _____
3. que je / faire _____
4. qu'elle / finir _____
5. que nous / voir _____
6. qu'elles / mourir _____
7. qu'on / être _____
8. que vous / devoir _____
9. qu'ils / se parler _____
10. que nous / naître _____
11. que je / se lever _____
12. que tu / pouvoir _____
13. qu'il / suivre _____
14. que vous / aller _____

B. *Trajet.* Camille rejoint le professeur à Angoulême. Conjuguez les verbes entre parenthèses *au passé du subjonctif* pour décrire leur rencontre.

Camille est contente que le professeur _____ (venir) à Angoulême pour la retrouver. Elle regrette qu'il _____ (devoir) attendre longtemps à la gare mais il ne se plaint pas parce qu'il est soulagé qu'elle _____ (réussir) à trouver tous ses papiers. Ils doutent que les Allemands _____ (apprendre) qu'ils ont toujours l'eau lourde mais ils veulent partir le plus tôt possible. Raoul s'approche de la voiture et il est ravi que Camille _____ (ne…pas / partir). On est obligé d'emmener Raoul et Frédéric à Bordeaux. Le professeur n'est pas content que Raoul et Frédéric _____ (ne…pas / pouvoir) trouver un autre moyen d'y aller et il doute que Raoul _____ (comprendre) qu'il ne voulait pas les emmener à Bordeaux. Il doit avoir un peu de patience parce que Raoul et Frédéric pourraient l'aider un jour !

9.5 – Le subjonctif après certaines conjonctions

A. *L'histoire de Jean-Etienne.* Faites des phrases avec les éléments donnés pour parler de Jean-Etienne. Faites attention à l'emploi du subjonctif après *les conjonctions* et l'emploi de l'infinitif après *les prépositions*.

Modèle :   Quoique / Jean-Etienne / être ministre / il a le temps d'aller au cinéma
Quoique Jean-Etienne soit ministre, il a le temps d'aller au cinéma.

1. Jean-Etienne va au cinéma / pour / voir le nouveau film de Viviane.

   _____

2. Viviane va au bureau de Jean-Etienne / pour que / il / pouvoir l'aider à résoudre son problème.

   _____

3. Viviane fait semblant de l'aimer / en attendant que / la police / ne…plus avoir envie de l'interroger

   _____

4. Bien que / Jean-Etienne / être un homme intelligent / il ne sait pas que Viviane profite de lui
   _____

5. Jean-Etienne va à Bordeaux / à condition que / Viviane / vouloir l'accompagner
   _____

6. Il faut y aller / avant que / les Allemands / entrer dans Paris
   _____

7. Viviane va à Bordeaux / pour / fuir l'Occupation allemande ainsi que / pour fuir son crime
   _____

8. Vers la fin du film, Jean-Etienne est au courant de tout. Il quitte Viviane / de peur que / on / apprendre qu'elle est criminelle
   _____

B. *La fuite.* Raoul fuit avec Camille et ils espèrent pouvoir livrer l'eau lourde. Lisez le paragraphe suivant et barrez *la conjonction* ou *la préposition* qui ne va pas.

Raoul propose d'aider Camille **afin de / afin que** passer plus de temps avec elle. Camille accepte son offre **de peur de / de peur que** les Allemands ne les arrêtent. Ils réussiront à arriver au bateau **à moins qu' / à moins d'** il n'y ait des problèmes. Ils partent **sans / sans que** connaître la route mais Raoul n'a pas peur. Les Allemands apprennent qu'ils fuient avec l'eau lourde et ils bloquent la route **avant de / avant que** Raoul et Camille n'arrivent. Frédéric sait que les Allemands poursuivent ses amis et il part tout de suite **de crainte de / de crainte que** les Allemands ne les capturent. Ils peuvent toujours accomplir leur mission **à condition que / à condition de** Frédéric arrive à temps !

9.6 – Le subjonctif – récapitulation

A. *Regrets ?* Complétez les phrases suivantes avec *le présent* ou *le passé de subjonctif* selon le contexte.

1. Frédéric regrette / que Viviane l' / appeler
   a. action simultanée : _____
   b. action antérieure : _____
   c. action postérieure : _____

2. Viviane est contente / que Frédéric / venir tout de suite
   a. action simultanée : _____
   b. action antérieure : _____
   c. action postérieure : _____

3. Viviane voudrait / que Frédéric / résoudre le problème
    a. action simultanée : _____
    b. action antérieure : _____
    c. action postérieure : _____
4. Il est dommage / que la police / arrêter / Frédéric
    a. action simultanée : _____
    b. action antérieure : _____
    c. action postérieure : _____
5. Il est formidable / que Frédéric / s'évader
    a. action simultanée : _____
    b. action antérieure : _____
    c. action postérieure : _____

B. *La foi.* Un étudiant écrit une composition sur la foi des Français pendant la Seconde Guerre mondiale. Complétez sa composition avec *le présent de l'indicatif, le présent du subjonctif* ou *l'infinitif* des verbes entre parenthèses selon le contexte.

La foi

En 1940, les Français quittent Paris pour _____ (fuir) devant les Allemands qui arrivent en France. Les Français sont tristes que Hitler _____ (prendre) possession de leur capitale. Bien que le gouvernement français _____ (s'établir) à Bordeaux, la situation reste grave. Les Ministres savent qu'il _____ (falloir) faire quelque chose pour sauver la France et ses citoyens. Il est essentiel que les Français _____ (être) optimistes mais la situation empire. Le 22 juin 1940, Pétain annonce l'armistice. Beaucoup de Français regrettent que Pétain _____ (ne...pas/avoir) envie de lutter contre les Allemands. Dès le début de la guerre, un homme, un certain Général de Gaulle, sait qu'il _____ (pouvoir) continuer la lutte contre les Allemands. Cet homme ne perd jamais l'espoir d'une France libre et il fait appel aux Français pour _____ (organiser) la Résistance. Dans le film, *Bon Voyage*, on voit que ce mouvement _____ (toucher) beaucoup de monde. Par exemple, Camille, une jeune assistante, aide le professeur Kopolski à transporter l'eau lourde afin d'_____ (empêcher) les Allemands de développer une bombe atomique. Quelques personnages contribuent à leur mission et ils deviennent héros de la guerre. A la fin du film, on apprend que Frédéric _____ (devenir) parachutiste et que Camille _____ (soutenir) la Résistance intérieure. Le film montre qu'il _____ (être) important que chacun _____ (faire) ce qu'il _____ (pouvoir) pour _____ (aider) les Résistants. Il faut _____ (dire) que ça _____ (valoir) la peine !

Traduction

Français → anglais

A. Mots et expressions. Traduisez les mots et les expressions suivantes **en anglais**.

1. quelqu'un _____
2. tout le monde _____
3. personne (ne…) _____
4. quelque chose _____
5. rien (ne…) _____
6. une personne _____
7. une chose _____
8. quelque part _____
9. n'importe où _____
10. n'importe quoi _____

B. Phrases. Traduisez les phrases suivantes **en anglais**.

1. Je suis ravi/e que tu m'aies appelé. _____
2. Je voudrais te voir ! _____
3. Je lui demande d'expliquer la situation. _____
4. Elle fera n'importe quoi. _____
5. Je ferais tout pour elle. _____

Anglais → français

A. Mots et expressions. Traduisez les mots et les expressions suivantes **en français**.

1. in order to _____
2. in order that _____
3. although, though _____
4. to be afraid of/to _____
5. to be afraid that _____
6. to explain that _____
7. to know that _____
8. to refuse to _____
9. to have to do _____
10. to be necessary to do _____

B. Phrases. Traduisez les phrases suivantes **en français**.

1. She is afraid. _____
2. She killed someone. _____
3. It is necessary to call the police. _____
4. I want to do something. _____
5. It is necessary that I do something. _____

C. Roman. Voilà un extrait du premier chapitre du roman de Frédéric. Traduisez-le **en français**.

Chapter 1 – The adventure begins…

I am thrilled that someone I have loved for a long time is calling me. She is a certain actress that everyone knows well. She explains that she is calling in order to ask me to visit her. It has been a long time since we have spoken and I would like to see her. Though it is one o'clock in the morning, I leave right away (she is a charming person).

When I arrive at her place, I discover a man lying on the floor. He is dead! I ask Viviane to explain what happened to me. She has many explanations but I am unable to understand. It was an accident: there was a fight and he fell. She has no worries. She simply wants to rid herself of this matter as soon as possible. She is afraid that the journalists will find out (know) that she killed someone. Normally I would do everything to help her but as a man died, I think that it is necessary to call the police. She refuses to call them. I know in this moment that she will do anything for her career. I also know that I have to do something and that I have to go somewhere - anywhere. Thus, I put the man in the trunk of the car. Though I know it is not a good idea, I leave Viviane. This is where my adventure begins…

_____

_____
_____
_____
_____
_____
_____
_____
_____
_____
_____
_____
_____

Photo

A. *Détails.* Regardez l'image et choisissez les bonnes réponses.

1. Où est-ce que cette scène a lieu ?
   a. à Paris.
   b. à Angoulême.
   c. à Bordeaux.

2. Quand est-ce que cette scène a lieu ?
   a. Elle a lieu vers le début du film.
   b. Elle a lieu vers le milieu du film.
   c. Elle a lieu vers la fin du film.

3. Viviane veut que Jean-Etienne…
   a. vienne au cinéma pour voir son film.
   b. quitte le gouvernement français.
   c. appelle le préfet de la police.

B. *Chronologie.* Mettez les phrases suivantes en ordre chronologique.

_____ Elle flatte Jean-Etienne pour qu'il utilise son pouvoir en tant que ministre pour l'aider.

_____ Viviane va au bureau du Ministre Jean-Etienne Beaufort.

_____ Jean-Etienne flatte aussi Viviane et il dit qu'il aime son parfum (c'est Jeanne Lanvin – *Scandale !*).

_____ Elle veut lui parler comme à un ami.

_____ Jean-Etienne finit leur conversation en disant que Viviane s'inquiète pour rien parce qu'ils ont arrêté le coupable.

C. *En général.* Répondez aux questions suivantes. Ecrivez deux ou trois phrases.

1. Donnez un titre à la photo. Justifiez votre choix.
   _____
   _____
   _____

2. Cette scène représente un exemple de la façon dont Viviane profite des hommes. Quels autres exemples de cette manipulation est-ce qu'il y a au cours du film ?
   _____
   _____
   _____

D. Aller plus loin. Ecrivez un paragraphe pour répondre aux questions suivantes.

1. Est-ce que Viviane aime Jean-Etienne ?   Pourquoi est-ce qu'elle est avec lui ?   Est-ce qu'elle aime quelqu'un d'autre ? Expliquez.

   _____
   _____
   _____
   _____
   _____
   _____
   _____

2. Bien que Jean-Etienne soit un homme politique important, il est facilement manipulé par Viviane. Expliquez.

   _____
   _____
   _____
   _____
   _____
   _____
   _____

Jeux

A. *A la une.* Viviane feuillette les journaux pour apprendre si les journalistes écrivent des articles sur la mort d'André Arpel. Observez les unes de journaux ci-dessous. Inventez l'article qui correspond à chaque titre.

LE MONDE

GUERRE OU PAIX

HEURES DECISIVES

INTENSE ACTIVITÉ DIPLOMATIQUE A TRAVERS …

L'INTRANSIGEANT

UN ACCORD DE PRINCIPE AURAIT ÉTÉ RÉALISÉ ENTRE PARIS, LONDRES ET MOSCOU

LA PAIX EN SURSIS

LE PETIT PARISIEN

NOUVELLES MENACES

LE CHANCELLER HITLER S'IRRITE DES AVERTISSEMENTS DE L'ANGLETERRE

B. *Scènes.* Regardez de nouveau la scène où Viviane lit les journaux. Imaginez que le film a lieu au 21ᵉ siècle. Réinventez la scène et créez les titres des unes de journaux.

Scène : A la une	
Situation	10 minutes 45 secondes
Personnage :	Viviane
Lieu de l'action :	L'appartement de Viviane
Intérêt principal :	Viviane cherche des nouvelles sur la mort d'André Arpel

Cinéphile — Bon Voyage

C. Site web. Vous êtes internaute et vous développez un site web sur le cinéma. Votre premier film présenté est *Bon Voyage*. Suivez le modèle ci-dessous pour vous aider à développer votre site. N'hésitez pas à surfer le net pour vous inspirer !

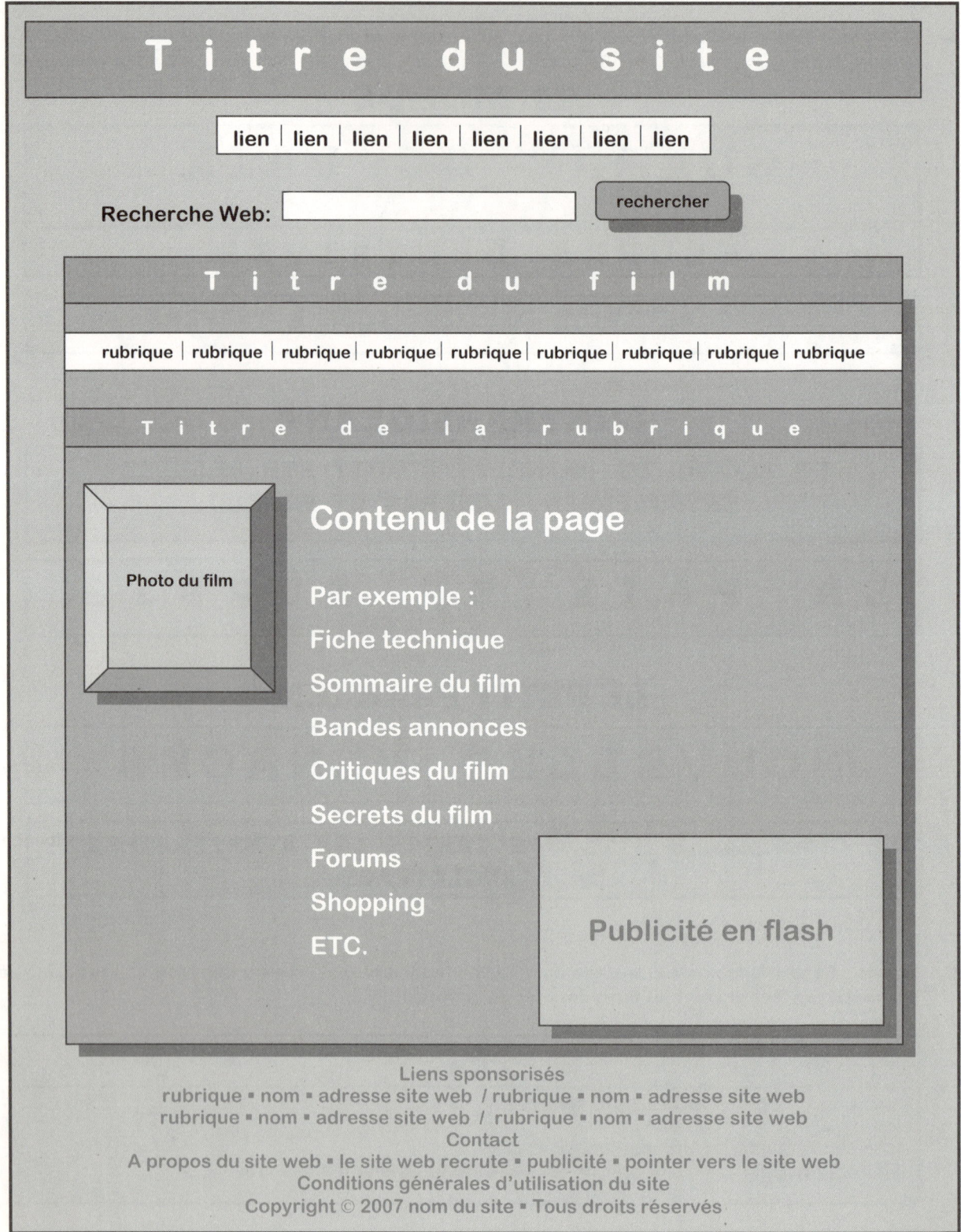

Culture

A. *Médias pendant la guerre.* Complétez le tableau ci-dessous de manière logique pour comparer les médias pendant la Seconde Guerre mondiale avec les médias de nos jours.

médias d'autrefois et d'aujourd'hui						
	1939 – 1945			actuellement		
Indiquez si les médias ci-dessous existaient entre 1939 et 1945 et si ces médias existent aujourd'hui.	non	peut-être	oui	non	peut-être	oui
Journaux clandestins						
Journaux censurés						
Journaux non censurés						
Emissions radiophoniques censurées						
Radio numérique par satellite						
Actualités filmées au cinéma diffusées avant le film						
Journal télévisé (les informations à la télé)						
Télévision par satellite						
Chaînes des informations 24 / 24 du câble						
Actualités sur Internet						

B. *Médias et la guerre.* Déterminez si les phrases suivantes sont vraies ou fausses et expliquez votre choix.

1. vrai   faux   Tous les médias étaient censurés sous l'Occupation allemande.

2. vrai   faux   Les Français se méfiaient des informations et ils écoutaient la radio étrangère pour avoir des informations fiables.

3. vrai   faux   Les Allemands encourageaient l'écoute de la radio étrangère.

4. vrai   faux   La presse clandestine a été créée pour donner des informations mensongères aux Allemands.

5. vrai   faux   La production des journaux clandestins n'était pas dangereuse mais la distribution des journaux clandestins était très dangereuse.

6. vrai   faux   Les journaux clandestins n'étaient pas beaux mais on les attendait avec impatience parce que le contenu était important.

7. vrai   faux   Les espions comme Alex Winckler pouvaient utilisaient le code morse pour transmettre des messages.

8. vrai   faux   Les espions utilisaient aussi les sites web pour transmettre des messages.

9. vrai   faux   Pendant la Seconde Guerre mondiale on n'avait pas beaucoup de médias fiables pour se tenir au courant de la guerre.

10. vrai   faux   Aujourd'hui, les avancées technologiques nous permettent d'avoir une plus grande diversité de renseignements sur la guerre.

C. Médias. Complétez les phrases suivantes pour parler de vos préférences en ce qui concerne les médias. Ecrivez ensuite un paragraphe pour expliquer vos habitudes.

1. Je lis les quotidiens (nationaux, régionaux ou gratuits) suivants :
   _____

2. Je lis les hebdomadaires (nationaux ou régionaux) suivants :
   _____

3. Je lis les magazines suivants :
   _____

4. J'écoute les stations de radio suivantes :
   _____

5. Je regarde les chaînes de télévision suivantes :
   _____

6. Je regarde les sites web suivants :
   _____

Résumé de vos habitudes

Pourquoi lisez-vous certains quotidiens, hebdomadaires et magazines ? Pourquoi préférez-vous certaines chaînes de radio et de télé ? Pourquoi visitez-vous certains sites web ?

_____
_____
_____
_____
_____
_____
_____

D. Informations. Complétez les phrases suivantes pour parler de vos préférences en ce qui concerne les actualités. Ecrivez ensuite un paragraphe pour résumer vos préférences.

1. Je préfère les informations **des journaux / de la radio / de la télévision / des sites web**.

2. Je pense que les informations **des journaux / de la radio / de la télévision / des sites web** sont les plus fiables.

3. Je lis un journal _____ (indiquez la fréquence).

4. J'écoute les informations à la radio _____ (indiquez la fréquence).

5. Je regarde les informations à la télé _____ (indiquez la fréquence).

6. Je lis les actualités sur Internet _____ (indiquez la fréquence).

Résumé de vos préférences

Lisez-vous les actualités dans un journal ou sur Internet ? Préférez-vous regarder les informations à la télé ou écouter les informations à la radio ? Expliquez.

_____
_____
_____
_____
_____
_____
_____
_____

E. *Informatique.* Choisissez la réponse qui correspond à vos opinions en ce qui concerne les ordinateurs et l'Internet. Ecrivez ensuite un paragraphe qui parle du rôle de l'ordinateur et de l'Internet dans votre vie.

1. L'ordinateur est **important / très important / pas du tout / important** dans ma vie.

2. J'utilise l'ordinateur pour **les devoirs / le travail / les jeux vidéos / la musique / les photos / autre**.

3. Je pense qu'il faut **se méfier de / utiliser** l'Internet.

4. Je surfe le net **souvent / très souvent / pas du tout**.

5. Je pense que l'Internet **doit être contrôlé / ne doit pas être contrôlé / est toujours en train de se développer et les internautes doivent évaluer la fiabilité et les dangers de l'Internet eux-mêmes**.

Résumé du rôle de la technologie dans votre vie

Quel rôle est-ce que l'ordinateur et l'Internet jouent dans votre vie ? Expliquez.

_____
_____
_____
_____
_____
_____
_____
_____

Composition

Roman. Le roman de Frédéric est autobiographique. Ecrivez un sommaire de son roman. De quoi est-ce qu'il parle? Qui sont les personnages principaux? Que font-ils? Où vont-ils? Inventez un sommaire qui est plein d'aventures, d'espionnage et d'amour! Utilisez **les mots indéfinis, le présent** et **le passé du subjonctif** dans votre sommaire.

Avant d'écrire :	Faites une liste du vocabulaire et des structures grammaticales que vous allez utiliser dans votre sommaire. Faites un plan des événements principaux dans la vie de Frédéric. Préparez une introduction et une conclusion.
Ecrivez :	Suivez votre plan et utilisez le manuel pour vérifier le vocabulaire et la grammaire. Evitez les répétitions : cherchez des synonymes et variez la longueur des phrases.
Après avoir écrit :	Relisez votre sommaire : cherchez les fautes d'orthographes et vérifiez les accents. Est-ce que le contenu est bon (une bonne variété de vocabulaire et de structures grammaticales) ? Est-ce que le contenu est présenté de manière logique ? Est-ce que le sommaire est original et intéressant ?